Viajeros de habla alemana por Extremadura (siglo XX)

Alfonso Corbacho Sánchez

Viajeros de habla alemana por Extremadura (siglo XX)

PETER LANG

Bibliografische Information der Deutschen Nationalbibliothek
Die Deutsche Nationalbibliothek verzeichnet diese Publikation
in der Deutschen Nationalbibliografie; detaillierte bibliografische
Daten sind im Internet über http://dnb.d-nb.de abrufbar.

La publicación de esta obra ha sido financiada con una ayuda (GR18183)
de la Junta de Extremadura.

JUNTA DE EXTREMADURA

Consejería de Economía, Ciencia y Agenda Digital

Unión Europea
Fondo Europeo de Desarrollo Regional
Una manera de hacer Europa

ISBN 978-3-631-87140-9 (Print)
E-ISBN 978-3-631-87394-6 (E-PDF)
E-ISBN 978-3-631-87923-8 (EPUB)
DOI 10.3726/b19897

© Peter Lang GmbH
Internationaler Verlag der Wissenschaften
Berlin 2022
Alle Rechte vorbehalten.

Peter Lang – Berlin · Bruxelles · Lausanne · New York · Oxford

Diese Publikation wurde begutachtet.

www.peterlang.com

A Alfonso,
el ángel que Dios puso en mi camino

Índice

Prólogo 9

La memoria del extranjero es también mi memoria:
el relato de viajes traducido 9
María Isabel López Martínez

Presentación 23

Capítulo I Herbstreise nach Spanien und Portugal 27
August Zahn

Capítulo II Das unbekannte Spanien. Baukunst,
            Landschaft, Volksleben 29
Kurt Hielscher

Capítulo III Auslandsrätsel. Nordamerikanische und
            spanische Reisebriefe 33
Friedrich Dessauer

Capítulo IV Spanische Wanderungen 37
Hans Roselieb

Capítulo V Meine Wander- und Pilgerfahrten in Spanien 43
Beda Kleinschmidt

Capítulo VI Fahrt nach Portugal. Tagebuchblätter
          und Bilder einer Auto-Ferienreise 51
Rudolf Pestalozzi & Gerty Pestalozzi

Capítulo VII Reisebilder aus Spanien und Portugal 57
Willy Andreas

Capítulo VIII 15mal Spanien 59
Eberhard Horst

Capítulo IX Spanien. Ein politisches Reisebuch 71
Roman Rhode, Brigitte Dudek u. a.

Capítulo X Die Haut des Stiers. Ein Spanien-Porträt 73
Eberhard Horst

Capítulo XI Freundschaft mit Spanien 83
Heinrich Frey

Conclusiones 87

Bibliografía 89

Prólogo

La memoria del extranjero es también mi memoria: el relato de viajes traducido

María Isabel López Martínez

Un rasgo constitutivo de los relatos de viajes es su condición de factuales, en terminología de Gerard Genette (1993), porque "se asientan en los hechos, en la realidad, en los testimonios, en lo verificable" (Alburquerque García, 2011: 17–18). Ahora bien, en esta modalidad de escritura se entabla una tensión de diferente grado entre dos polos, según prime el intento de plasmar la realidad o, por el contrario, imperen el valor estético y las concesiones a lo ficticio, es decir, se introduzcan en el predio literario. Con ello, los relatos de viaje pueden albergar una paradoja, porque al filtro intrínseco que supone reproducir el mundo mediante la herramienta comunicativa del lenguaje se le superpone, si es el caso, el de la literatura, sistema de modalización secundario, según I. Lotman.

En las páginas de *Viajeros de habla alemana por Extremadura (siglo XX)* se seleccionan once fragmentos que cumplen con los presupuestos citados del relato de viajes, ya que narran experiencias siguiendo un itinerario, en este caso por Extremadura y llevado a cabo por germanoparlantes. Se advierten las diferencias entre la voluntad de escritura literaria en algunos autores y la mera anotación en otros. A estos criterios básicos para erigir la antología se le suma la acotación temporal del corpus en el siglo XX, no en vano los textos cubren 83 años, puesto que el primero se publica en 1912 y el último en los estertores de la centuria, en 1995. La selección del arco cronológico no es baladí, pues abarca un período de profundos y vertiginosos cambios sociales y económicos que propician que las instantáneas de los viajeros, aun cuando estén tomadas del mismo espacio, sean muy diferentes y, montadas en secuencias en la antología, brinden no ya una fotografía estática de ciertas ciudades, pueblos y entornos extremeños, sino escenas en un movimiento casi cinematográfico.

Aparte de las premisas de partida que dan unidad al volumen, la riqueza de la recopilación proviene de la diversidad de los autores y del carácter de sus testimonios, que está relacionado con la procedencia y la finalidad de los mismos, según se anuncia en la introducción biobibliográfica elaborada por el antólogo, que antecede a los fragmentos traducidos al español. Componen la nómina de participantes August Zahn, Friedrich Dessauer, Kurt Hielscher, Hans Roselieb, Beda Kleinschmidt, Rudolf y Gerty Pestalozzi, Willy Andreas, Eberhard Horst, Roman Rhode y Brigitte Dudek y, por último, Heinrich Frey.

El propósito esencial de estos modernos trotamundos es heterogéneo, pues algunos cultivan el relato de viajes canónico en el que descuella el intento de estampar las vivencias en un territorio extranjero y transmitirlas a un lector también foráneo que, mediante las narraciones en su propia lengua, podrá visitar imaginariamente las regiones desconocidas. Otros autores se sienten atraídos por el descubrimiento de la riqueza histórico-cultural y dan cuenta de ella para atraer a futuros viajeros, confeccionando escritos en la línea de las guías de viajes, aunque con peculiaridades que provienen sobre todo de la percepción subjetiva o de los aspectos de la zona que les interesan[1]. Si en sus expediciones –a veces con un velado objetivo mercantil e incluso de espionaje– los viajeros decimonónicos iban acompañados de dibujantes que ilustraban los escritos, estos forasteros del siglo XX utilizan medios técnicos más avanzados, en concreto la fotografía, herramienta crucial para el fotoperiodismo. Por eso, es usual que aludan a las cámaras y, en el conjunto de autores que nos ocupa, a la Leica, primera cámara práctica de 35 mm cuyos primitivos prototipos fueron construidos en 1913 en Wetzlar, la ciudad con resonancias del *Werther*, que contribuyeron a cambiar los derroteros de la fotografía. En 1934, Rudolf Pestalozzi husmea así en Trujillo: "En un rincón de la plaza, un poco más atrás, descubro (con la Leica buscando motivos) una fonda, una posada medio abierta hacia la plaza, medio establo para mulas y burros. La gente del mercado se sienta allí y en mesas bajas de madera se come el pan que han traído…".

Hay quien, como Eberhard Horst, elabora documentos rebosantes de detalles geográficos, económicos e histórico-artísticos de las comarcas (Las Hurdes) y ciudades visitadas. Por su parte, Roman Rhode y Brigitte Dudek dan un giro a las convencionales guías de viaje y aportan un

---

1 La idea de guía subyace en la mente de ciertos viajeros. Willy Andreas cita a Baedeker, la famosa familia de editores de estos libros, como indica el traductor.

enfoque sociopolítico, no siempre veraz, porque, por ejemplo, sobre el estado de la región en 1985 afirman: "En la actualidad, la región es un páramo casi desértico, pues en una superficie equivalente a la de Suiza habita apenas un millón de habitantes". Evidentemente su información sobre la población no es errada, pero respecto al paisaje demuestran que solo conocen parcialmente el territorio. E incluso existen muestras de motivos menos habituales para visitar la región, como los del botánico suizo Heinrich Frey, responsable del texto publicado en 1995 que cierra la antología. Él se desplaza hasta Medellín no con la meta única de rastrear huellas romanas o de Hernán Cortés en su patria chica como sería lo esperable, sino principalmente para buscar ejemplares de "tamujo" y extasiarse ante las matas de esta y de otras variedades vegetales.

Sea como fuere, en todos los casos hay un viajero que, tomando con frecuencia la primera persona narrativa, se encarga de la descripción de un espacio que para él representa lo extraño. Este sitio ajeno "ofrece la posibilidad de adquirir experiencia que parece no existir en el espacio de origen. En este sentido, el lugar deviene *el Otro* y el viaje, la mejor forma para llegar hasta él" (Almarcegui, 2011: 289) y consumar así un fecundo encuentro que también favorece la constitución de su propia identidad. En los recientes estudios sobre los relatos de viajes se ha hecho hincapié en que el concepto de alteridad es consustancial a la experiencia itinerante y a su plasmación mediante el lenguaje. También se ha resaltado la frontera borrosa entre lo propio y lo ajeno, porque el visitante mira desde su prisma y no deja de comparar lo desconocido con lo conocido. En este sentido, Friedrich Dessauer es explícito cuando expone su impresión al adentrarse en Tierra de Barros: "La amapola rojo brillante trae el recuerdo de la patria".

Pero, a su vez, el viajero también es el extraño para los locales, que se cuelan en bastantes episodios, presas de una curiosidad en absoluto disimulada, a la manera popular, que el escritor, sorprendido al ser considerado eje de atención, anota. Los avatares de la pareja Pestalozzi en Alconchel, Cáceres y Trujillo implican una divertida interacción entre viajeros y paisanos, expectantes por ambos flancos y sopesando diferencias. También es representativa la conversación entablada, camino de Yuste, entre Kurt Hielscher y un "ingenuo muchacho" que lo tutea sin remilgos cuando lo oye hablar alemán, sobre todo cuando, con ironía, manifiesta que la extrañeza ante lo ajeno es recíproca. Si por lo común los exploradores eran los encargados de presentar a los indígenas como lo raro, lo otro, en los episodios de este viajero de comienzo de siglo XX también sucede a la inversa. Escribe:

"En la ladera de la montaña aparece otro pastor y lo llama:

- "¡Miguel, baja!"
- "¿Por qué?"
- "¡Quiero enseñarte una cosa muy rara!"

Su amigo desciende a pasos agigantados.

- "Bueno, ¿qué pasa?" Y mi acompañante me señala y pregunta muy orgulloso:
  - "¿Sabes qué es?"
- "¡No!"
- "Tú, ¡es un alemán!"."

Obviamente Extremadura no se encuentra tan alejada para los viajeros de procedencia de países de habla alemana como Asia para Marco Polo o los territorios del Nuevo Mundo para los ilustres exploradores españoles y portugueses del siglo XVI, ni su "descubrimiento" es comparable, pero sí funcionan similares presupuestos de partida: el hecho de adentrarse en una región considerada desconocida y remota, a pesar de no estar localizada en continentes distantes ("Lo remoto, lo extremo, Extremadura" titula Eberhard Horst en su aportación). Con ello se conjugan aspectos en apariencia antagónicos –la relativa proximidad geográfica y la distancia por desconocimiento– que despiertan las expectativas del lector, sobre todo si los viajes se realizan en el siglo XX, el de los adelantos técnicos y la revolución de los transportes. Aquí, en la misma Europa existe una región aún indómita en muchos sentidos, con una naturaleza que combina la exuberancia y la aridez, con un patrimonio histórico artístico excepcional y pujante pese al abandono... Este podría ser el común señuelo para el lector de cada uno de los textos cuando los recibió en la lengua original, publicados por editoriales alemanas de grandes ciudades como Berlín, Múnich, Leipzig, Düsseldorf, Hamburgo, y suizas, como Zurich y Berna, a veces en colaboración.

No obstante, al ser traducidos los textos al español y compilados, como se ofrecen en esta antología, cambia el potencial receptor, que pasa a ser principalmente el de lengua castellana. Este, aunque en distinto grado, conoce los territorios descritos directamente o por referencias, pues puede ser oriundo o residente en ellos –un lector local– o compartir la cultura española e incluso la hispánica. Para este lector, el atractivo de las descripciones de viajeros por tierras extremeñas se debe a que exhiben visiones calidoscópicas de un territorio concreto, realizadas en un tiempo relativamente reciente pero ya pasado y, por ello, son memoria. Además, son susceptibles de compararse con la situación actual de los mismos espacios, sus gentes y costumbres. Como resultado del cotejo, puede comprobar qué elementos siguen estables y cuáles han cambiado por la evolución acaecida sobre todo en las últimas décadas. Los escritores extranjeros, al igual que estos viajeros de lengua alemana, dan acceso a la "visión del otro", que supone un engrandecimiento de la mirada individual y local, a la vez que funcionan de repositorios de la memoria, aspecto este último nada desdeñable (Pascual Pozas, 2008).

Sin duda, el bosquejo de descripción que en 1926 realiza Hans Roselieb de las ruinas del teatro [romano de Mérida] "llenas de cabezas de columnas y fragmentos de relieves, y cubiertas por completo de musgo, líquenes y hierbas" contrasta enormemente con la imagen actual del esplendor de un edificio reconstruido mediante intervenciones arqueológicas constantes y, lejos del abandono, exultante y destinado a uso y disfrute de los ciudadanos. También es muy diferente la imagen de cualquier niño extremeño del siglo XXI y aquella del citado "niño primitivo" que, en 1922, siguiendo su oficio de pastor, se cruza con el viajero Kurt Hielscher camino del monasterio de Yuste, a quien pregunta sin cesar porque "quiere saber", aunque "Leer, escribir, calcular son para él conceptos desconocidos". No obstante, este niño "nunca ha visto un tren", algo que aún es posible en zonas extremeñas.

En suma, las descripciones contenidas en los relatos, además de ofrecer imágenes del ayer, nostálgicas o dignas de ser enterradas en el olvido, se convierten en indicadores de qué ha supuesto el progreso y cuál ha sido la actuación de los responsables de la sociedad extremeña y la población ante las críticas generalizadas. Los lugares elegidos son las localidades de mayor población y que atesoran un patrimonio histórico y cultural más relevante, aunque también surgen lugares de paso, porque el camino es consustancial al relato de viajes. El camino funciona además como factor de organización e incluso como bajtiniano cronotopo narrativo, es decir, elemento de conexión de las relaciones de tiempo y espacio con un valor formal expresivo.

Entre las ciudades destaca Mérida, por la profusión de ruinas de época romana, que impulsa a algunos autores, por ejemplo a Hans Roselieb, a incardinar su escrito en el paradigma de la literatura de ruinas. Despliega los constituyentes del tópico literario del *superbi colli*, tan cultivado en el Renacimiento y en el Barroco –época ávida de contrastar el ayer esplendoroso con el hoy en el que la decrepitud va corroyendo paulatinamente– y reiterado en el Romanticismo por su gusto por lo lejano también en el tiempo y la repercusión en el presente.

Las contraposiciones entre el brillante ayer y el ocaso contemplado en la actualidad de los viajeros son una fuente de reflexión y, como hemos señalado, de crítica que se expresa mediante los esquemas tradicionales "donde antes había… ahora hay"; las oposiciones temporales; el tópico del tiempo destructor (*tempus aedax rerum*); la afluencia de deícticos que contribuyen a vivificar la descripción de monumentos; los restos esparcidos; los animales y plantas que se adueñan, como naturaleza, de lo que era suyo; la abundancia de verbos de percepción ("veo", "siento", "observo"…), etc. Las instantáneas de los viajeros revelan curiosidades para el lector actual, al mostrar el estado de los vestigios y del entorno urbano en los años de la visita de estos escritores, y dejan un legado de imágenes. Por ejemplo, Eberhard Horst visita el Museo Arqueológico, "que sobre todo merece la pena ver por las esculturas y los bustos romanos, y las tallas visigodas de piedra", pero en 1973, fecha de su escrito, aún no está construido el edificio del Museo Nacional de Arte Romano de Mérida, diseñado por el arquitecto Rafael Moneo e inaugurado el 19 de septiembre de 1986.

Cáceres es también parada habitual sobre todo por el patrimonio de la Edad Moderna que atesora su ciudad antigua. Las descripciones llevan indefectiblemente a la dominación musulmana en la Edad Media, por la visión de los alcázares y restos conservados, y después al recuerdo de los conquistadores y exploradores extremeños en América que, al volver, dieron lustre a sus lugares de origen. Francisco Pizarro, Hernán Cortés, Orellana, Godoy… desfilan por las páginas. No faltan pinceladas a los barrios modernos y a la actividad comercial de los habitantes. A veces los viajeros dicen consultar fuentes históricas fidedignas, para acentuar su condición de cronistas fiables, pero también se advierte que copian contenidos menos exhaustivos y recogen leyendas orales. Por ejemplo, al contar el episodio de las torres desmochadas de Cáceres, Eberhard Horst achaca el hecho a un castigo de la reina Isabel la Católica, quien, "irritada por las incesantes batallas nobiliarias, mandó desmochar las torres de defensa en 1477. Solo salvó la Torre de las Cigüeñas y la Casa de los Golfines de Abajo, porque sus señores se habían distinguido en la batalla contra los moros". No aduce a que los propietarios hubieran tomado partido por ella en lugar de por su rival, la Beltraneja, en la guerra de sucesión castellana acontecida entre 1474 y 1479, como es comúnmente aceptado.

Se diseminan algunas notas que hacen genuinos a los relatos y no una mera copia de fuentes. Así, el citado Eberhard Horst indica que buena porción del encanto peculiar de Cáceres radica en que "incluso en su parte medieval, es que no parece lo más mínimo una ciudad museo, sino extremadamente viva y actual", afirmación que puede suscitar en el lector actual la reflexión sobre una de las críticas más mordaces que se hacen en el siglo XXI acerca de que calles y edificios –bastantes vacíos– de la ciudad antigua semejan un decorado carente de vida.

Badajoz atrae al visitante no tanto por su patrimonio histórico-artístico, del que también se aportan notas –especialmente de la alcazaba, de la catedral y de otros templos–, sino por su actividad económica, reforzada por su condición de ciudad fronteriza con Portugal, y por el cuidado y limpieza de calles y avenidas. Eberhard Hors escribe, en 1992, ampliando sus notas de los años setenta:

> "Evidentemente, Badajoz, la capital de la provincia, se ha beneficiado de la ayuda estatal para el cultivo de la tierra y del crecimiento económico. Para Badajoz parece haber quedado obsoleto eso de que Extremadura es una región pobre y atrasada. La ciudad, con calles limpias y bien cuidadas, con numerosos jardines y parques, su herencia árabe, da la impresión de prosperidad".

Los viajeros que han atravesado la región en el último tercio del siglo consignan los avances en la agricultura y, en el caso de la citada capital de provincia y de su zona circundante, los beneficios del llamado Plan Badajoz.

Aunque de menor población, Zafra, Trujillo y otras localidades con extenso patrimonio son igualmente reseñadas, repasando monumentos y costumbres que resultan pintorescas. Los monasterios de Guadalupe y Yuste atraen por sí mismos a los visitantes; el primero por estar ligado a la historia de España y sobre todo por su vinculación con América, además de ser un eje de peregrinación religiosa, y el segundo por convertirse en el último refugio de Carlos V, el emperador que formó parte también del devenir histórico de Centroeuropa y de ahí la expectación en los viajeros de esta zona. Los datos de Eberhard Horst sobre Yuste proceden de fuentes históricas y coinciden con los expuestos en libros bastante divulgados, como *Una visita al Monasterio de Yuste* (1883) de Pedro Antonio de Alarcón, que integró del volumen *Viajes por España,* y también el fragmento relativo al monasterio en la sección "Extremadura" de *Voyage en Espagne* (1875) del barón Charles Davillier, que fue publicado con las ilustraciones de Gustave Doré, el responsable de las famosas imágenes del *Quijote.*

El corpus de textos de los viajeros alemanes por Extremadura esparce los estereotipos sobre la región y sus habitantes: "el carácter salvaje del paisaje", los "terribles páramos", los "innumerables olivos [que] se juntan con un mar de cereales", los parajes deshabitados en los que se crían piaras de cerdos y son transitados por rebaños de ovejas que se mueven por trashumancia, las cigüeñas en los tejados de las iglesias, "el calor del horno del día", el aislamiento, la gente "seria y callada" con una "indolencia [que] parece cansancio", el ayer glorioso de la época romana, de la conquista y exploración de América, frente al atraso actual, etc.

El tono a la hora de reflejar estos tópicos contiene también el sello de la heterogeneidad, pues oscila desde la percepción agria a la jubilosa. En el primer polo se halla, por ejemplo, Hans Roselieb, quien afirma lapidariamente que "el silencio de los cementerios pesa sobre la país", porque Extremadura, como el resto de España, "vive solo la extraña vida vegetativa de esos pueblos, cuya avidez carece ya de protagonismo en el devenir histórico de los tiempos modernos". Cuando afirma "Mérida es un viejo cementerio, lleno de monumentos a los muertos de una vida en ebullición, de una caldera de gente que hierve a borbotones", diseña una imagen –la urbe como enclave de difuntos– que ya había construido, con todo el pesimismo y desgarro romántico, Mariano José de Larra. El *Pobrecito hablador* había visitado Mérida y, como consecuencia, publicó los artículos "Las antigüedades de Mérida I y II" en la revista *Mensajero* en 1835, sumando nuevas teselas a una lata tradición que cuenta incluso con la composición en latín de Elio Antonio de Nebrija titulada "De Emerita restituta". Carolina Coronado, que dedica liras de estilo elevado y herencia clasicista a Larra, contribuyó asimismo con el poema titulado precisamente "Mérida" (López Martínez, 2019).

En la vertiente de la complacencia se alinea Beda Kleinschmidt que, tras su peregrinación a Guadalupe, confiesa su "certeza de haber visto uno de los monasterios más interesantes e importantes de España" y, por ello, "la imagen que me regalaron adorna mi escritorio como recuerdo constante de mi visita a la Virgen de Guadalupe". En medio de estos acercamientos dulces o acres se sitúan autores como Rudolf y Gerty Pestalozzi, que reflejan virtudes y defectos, con asomos de ironía muy atractivos para el lector. Por ejemplo, en la fonda de Alconchel donde ambos tienen que "compartir la única habitación pequeña con las moscas y las dos camas de los dueños" degustan una comida que "gusta más que en muchos hoteles internacionales". Las referencias a la gastronomía y a los alojamientos son frecuentes en esta modalidad de relatos, puesto que comida y cama forman parte del itinerario, y son esenciales en aquellos con visos de guía.

Para bastantes viajeros, Extremadura es un lugar de paso, porque, según Eberhard Horst, "No es una región turística, en el mejor de los casos para estar de paso y descansar en la ciudad fronteriza de Badajoz de camino a Portugal y Lisboa". Pero, de ello se desprende algo positivo para el alemán, que trasluce un velado fondo romántico de atracción por lo genuino: "... es así como Extremadura ha mantenido un carácter diferencial y auténtico". Los trayectos más frecuentes se dirigen desde Portugal a Andalucía; léase al efecto el sucinto testimonio inaugural de August Zahn (1912), que se limita a ofrecer pinceladas del panorama entrevisto desde el tren al pasar por Badajoz, Mérida, Zafra y Llerena. Otros transeúntes letrados acceden desde el norte, como Friedrich Dessauer, cuya primera parada es Trujillo y, tras pasar por Mérida y Villafranca de los Barros, sigue hacia el sur hasta cruzar Sierra Morena. Para algunos autores la incursión en Extremadura supone una o varias etapas en un largo itinerario, el más representativo de los cuales es el realizado por Kurt Hielscher, que recorrió España durante cinco años durante la I Guerra Mundial. En otros casos, ciertos enclaves extremeños merecen una visita *ex professo*, como la peregrinación citada de Beda Kleinschmidt a Guadalupe.

Los medios de transporte suelen ser trenes lentísimos en las primeras décadas de siglo, e incluso se realizan trayectos a pie por lugares escarpados. La ruta desde Navalmoral al Monasterio de Yuste que sigue Kurt Hielscher –1921– es paradigmática en este sentido. Resulta muy curioso el desplazamiento aéreo que lleva a cabo Willy Andreas, según se desprende de su escrito de 1949, que permite una perspectiva paisajística desde arriba y un realce de los edificios más sobresalientes de los pueblos y ciudades sobrevolados.

Para dar sensación de testimonio real, con aires de crónica periodística los autores despliegan una red de recursos *de evidentia* y, así, muchos optan por contar desde el presente ("Mientras llegamos, comemos y partimos de nuevo, todo el pueblo mira a nuestra habitación por las ventanas y a través de los barrotes de hierro"). Pueden intervenir personas con las que mantienen diálogos directos, con una vivacidad casi teatral; destacan los informantes, que suelen ser los paisanos que se mueven integrados en el paisaje natural y urbano (los pastores con los que el viajero se cruza en el camino, los posaderos, los lugareños...). Estas figuras son habituales en los relatos de viajes, en la literatura de viajes en general y también en las representaciones plásticas.

En este sentido, remontándonos al siglo XIX, época clave en la constitución y difusión del género en época moderna (García Mercadal,

1952) sobre todo por sintonizar con el gusto romántico por lo exótico, recordemos las ilustraciones de Mérida contenidas en el *Voyage pittoresque et historique de l'Espagne* (1806–1820) de Alexandre de Laborde. En la destinada a reproducir el puente romano emeritense – monumento que por su resistencia al paso del tiempo suele ser objeto constante de atención para los viajeros de cualquier época y obviamente para los de lengua alemana reseñados– se colocan en primer plano dos observadores de pie. Con el brazo extendido, uno de ellos parece explicar lo que ve. En la reproducción del Hornito de Santa Eulalia –que tampoco suele dejarse de lado– dos personas dialogan y una semeja dar información. Esta vez son sedentes y se hallan a relativa distancia del monumento, porque sirven de punto de referencia para calcular la medida del edificio.

Asimismo, los escritores proporcionan apuntes del tiempo atmosférico, entre los que destaca el intenso y tórrido calor, que extrañan y acusan intensamente los procedentes de Alemania y su entorno. Precisan el avance de las horas y la sucesión de días y noches según las fases del trayecto. Expresiones del siguiente tipo jalonan las narraciones: "A última hora de la tarde llegamos a Mérida", "El eminente cielo azul promete un día maravilloso. Nuestro *Correos* o tren regional sale de Mérida poco después de las 11:00 horas", "Se hace tarde, pero llegamos a Cáceres"… Para algunos autores, el deseo de transmitir una experiencia factual es tan preeminente que las zonas de Extremadura visitadas se presentan desde una óptica muy subjetiva. Las descripciones entonces se colman de rasgos impresionistas ("La noche es maravillosamente hermosa. Pequeñas estrellas centelleantes se asoman en el apagado cielo violeta rojizo del anochecer") y los propios viajeros aparecen con sus nombres, según leemos en el fragmento del matrimonio Pestalozzi. Es posible, y en cierto modo chocante para el receptor español, la diatriba de ciertos autores alemanes entre optar por la exposición personal de las emociones y el intento de velarlas por pudor, hecho que provoca la asunción de la impersonalidad en el discurso. De tal manera sucede en los párrafos de Hans Roselieb, quien, al transitar entre las piedras de los monumentos romanos de Mérida, pasa de la afluencia de marcas lingüísticas del sujeto a formas impersonales. Anota:

> Veo esta ciudad en los velos de oro del sol de abril, como en la bruma dorada del pasado, extendiéndose por las colinas que tengo delante y me rodean, y siento la misma alegría infantil […]. También ahí uno se sorprende del tamaño del número 1, si se entiende por él solo uno de los numerosos y formidables

bloques que forman los enormes muros y entradas de estas construcciones deportivas y de entretenimiento.

Por supuesto, y como prueba de la diversidad de enfoques, la subjetividad se rebaja en los textos que brindan percepciones sociopolíticas o que acumulan datos informativos.

El criterio antológico del volumen *Viajeros de habla alemana por Extremadura (siglo XX)* es muy abierto y va en sintonía con los gustos y los hábitos de los lectores actuales, pues delimita un eje de interés, el consignado en el título, y rastrea, como si de un buscador en la red se tratara, manifestaciones de índole muy distinta que, al confluir en el tema y al aparecer unidas ante el lector, se articulan como un interesante *collage*. Además, rebosa actualidad la ausencia de jerarquía en la ordenación de los textos y de ahí que se encadenen los fragmentos brevísimos con los extensos, las percepciones artísticas con las sociales y científicas, los afanes costumbristas con los documentos numéricos, los cuadros amables con los críticos… La labor del investigador responsable de este libro revela la mantenida preocupación de la crítica literaria por el relato de viajes, que se extiende hasta el siglo XXI, porque tampoco en esta centuria disminuye el cultivo del género (Moureau, 2007; Simón Palmer, 2011).

Respecto a los viajeros de lengua alemana por España, es más habitual el estudio de los trayectos realizados en los siglos XVIII y XIX, aunque nuestro país no destacara como uno de los principales destinos del *Grand Tour* y muchos exploradores famosos obviaran este territorio. Sin embargo, persistieron los objetivos diplomáticos, comerciales, religiosos y militares (Hiltrud Friederich-Stegmann, 2014) que potenciaron las distintas misiones, incluso algunas al territorio insular (Devesa Alcaraz y Vieira Benítez, 200; Vega Cernuda, 2002; González Lemus, 2003; Rebok, 2009). Asimismo, como antecesores del citado Heinrich Frey, los científicos alemanes se desplazaron a España en viajes de estudio geográfico, climatológico, geológico, botánico, filológico… durante las pasadas centurias, tras la estancia de Alexander von Humboldt en los estertores del siglo XVIII (1799) y de su hermano Wilhem, el famoso lingüista, y establecieron conexiones con los científicos locales.

Ante las páginas de *Viajeros de habla alemana por Extremadura (siglo XX)* el lector es libre de sacar sus propias conclusiones, porque no existe una guía aleccionadora, pero sí un trabajo de campo muy profundo por parte del antólogo, el profesor Alfonso Corbacho Sánchez, que ha rescatado textos de fuentes a veces de difícil localización, buceando *in situ* en los fondos de las bibliotecas de universidades alemanas. Es importante su tarea de documentación sobre los viajeros seleccionados y el acopio de datos biográficos y relativos a la actividad profesional y a la faceta de escritores. Todo ello ilustra sobre el contexto en el que nacen y se insertan los textos, dejando una hebra suelta para que quien esté sugestionado coja el hilo y pueda adentrarse en la obra general del autor que le atraiga especialmente.

La almendra del volumen se halla en el imprescindible trabajo de traducción que Alfonso Corbacho Sánchez acomete y que permite la accesibilidad de estas visiones foráneas de las tierras y los habitantes de Extremadura al lector de lengua española con el beneficio referido, es decir, abriéndole la posibilidad de contemplar enfoques caleidoscópicos de la realidad, de cotejar pasado y presente, percepción del otro e imagen propia y, por tanto, enriqueciendo su visión de mundo.

Bibliografía

Alburquerque García, Luis. "El 'relato de viajes': hitos y formas en la evolución de un género", en *Revista de Literatura*, 73 (145), 2011, pp. 15–34.

Almarcegui Elduayen, Patricia. "El otro y su desplazamiento en la última literatura de viaje", en *Revista de Literatura*, 73 (145), 2011, pp. 283–290.

Devesa Alcaraz, Juan Antonio y Viera Benítez, María del Carmen. *Viajes de un botánico sajón por la Península Ibérica. Heinrich Moritz Willkomm (1821–1895)*. Cáceres: Universidad de Extremadura, 2001.

Friederich-Stegmann, Hiltrud. *La imagen de España en los libros de los viajeros alemanes del siglo XVIII*. Alicante: Publicaciones de la Universidad de Alicante, 2014.

García Mercadal, José. *Viajes de extranjeros por España y Portugal*, 3 vol. Madrid: Aguilar, 1952.

Genette, Gerard. "Relato ficcional, relato factual", en *Ficción y dicción*. Barcelona: Lumen, 1993.

González Lemus, Nicolás. *Viajeros, naturalistas y escritores de habla alemana en Canarias (100 años de historia)*. Santa Cruz de Tenerife: Editorial Baile del Sol, 2003.

González Reyero, Susana. *La fotografía en la arqueología española (1860–1960): 100 años de discurso*. Madrid: Real Academia de la Historia, 2006.

Larra, Mariano José. "Las antigüedades de Mérida I y II", en *Mensajero*, Sección Boletín de Costumbres, n.º 82, 22 de mayo de 1835.

López Martínez, María Isabel. "El paradigma romántico de la poesía de ruinas: Carolina Coronado", en L. Alburquerque García et al. *Vir bonus dicendi peritus: homenaje al profesor Miguel Ángel Garrido Gallardo*. Madrid: C.S.I.C., pp. 575–584.

Moureau, François. "Descubrimientos y redescubrimientos: estado actual de los estudios sobre la literatura de viajes", en J. M. Oliva Frade (coord.). *Escrituras y reescrituras del viaje: miradas plurales a través del tiempo y de las culturas*. Bern: Peter Lang, 2007, pp. 11–20.

Pascual Pozas, Moisés, "El viaje, la memoria y la escritura", en R. Senabre, A. Rivas, I. Gabarain (eds.). *Los escritores y el lenguaje*. Salamanca: Ediciones Universidad de Salamanca, 2008.

Rebok, Sandra. "España en la lente de los viajeros científicos alemanes durante el siglo XIX", en *LLULL*, 32, 2009, pp. 135–152.

Simón Palmer, Carmen. "Apuntes para una bibliografía del viaje literario (1990–2010)", en *Revista de Literatura*, 73 (145), 2011, pp. 315–362.

Vega Cernuda, Miguel Ángel. "La imagen de España en los relatos de viajes alemanes a partir de 1800", en Miguel Ángel Vega Cernuda y Henning Wegener (eds.). *España y Alemania. Percepciones mutuas de cinco siglos de historia*. Madrid: Editorial Complutense, 2002, pp. 95–129.

Presentación

Eine Reise ist ein Trunk aus der Quelle des Lebens

Friedrich Hebbel

La presente obra pone de relieve el, a veces apasionante, periplo por tierras extremeñas de diez viajeros de lengua alemana casi desconocidos u olvidados para el mundo hispánico. Y es que el panorama de la literatura viajera germana con referencias a Extremadura padece una atención investigadora deficitaria, sobre todo en relación con los estudios y bibliografías de viajeros ingleses[2]. Aunque solo fuera por la relevancia del gran emperador Carlos V que decidió pasar los últimos años de su vida en su morada de Yuste, Extremadura y la obra del colectivo de viajeros de habla alemana que transita por esta tierra bien merecen una atención mayor, pues constituyen una parte fundamental de los cimientos en los que se apoya la historia de España.

Partiendo de la premisa de que viajar por el mundo es inherente al ser humano, pues existe desde tiempos inmemoriales, aquí se analizan los testimonios escritos que han sido fruto de un viaje y una experiencia real (Brenner, 1989: 9). Por tanto, lo que se persigue es el desplazamiento físico por una geografía real, dejando a un lado todo tipo de andanzas imaginarias. En esta línea, cabe indicar que se han suprimido tanto los pasajes previos a la llegada a Extremadura, como también aquellas partes que discurren por otros entornos de la geografía española tras

---

2 Como es sabido, los viajeros británicos, entre los que destaca Richard Ford (1966), superaron en número a los visitantes alemanes en Extremadura y, por tanto, también en estudios y publicaciones que aportaron un inmenso caudal de información a muchos viajeros extranjeros y entre ellos, obviamente, también a los autores de habla alemana, ya que el viajero, como bien apunta García-Romeral (2001: 18), "… generalmente es lector de otros viajes o de libros para el viaje. Ha leído a otros viajeros, geógrafos e historiadores clásicos y a sus coetáneos, se ha informado a través de guías de las ciudades o simplemente ha leído la prensa para tener una información del país que va a visitar". Para más información sobre viajeros ingleses en Extremadura, pueden verse las recopilaciones de Maestre (1995) y Marín Calvarro (2004; 2006).

abandonar la región extremeña, dado que no guardan relación con el marco temático propuesto.

Aparte del interés por recorrer y conocer, o tal vez descubrir, esta *terra ignota* llamada Extremadura y de compartir entre ellos el alemán como lengua nativa[3], poco tienen en común los diez escritores viajeros que han dejado impresiones y numerosos testimonios de su experiencia sobre esta tierra. Difieren en su visión del mundo y de la vida, e incluso se observan grandes diferencias entre sus preferencias profesionales y sus gustos, sin excluir del todo los meramente estéticos. Sin embargo, si realmente en la literatura de los viajeros que visitan esta región se plasma con nitidez la imagen que proyectan los españoles hacia fuera, esa fotografía que se configura en sus relatos solo se puede beneficiar de una gran diversidad. En efecto, al ser distintas las perspectivas y los ángulos desde los que miran a los lugareños y a la sociedad extremeña, e incluso los patrimonios natural, cultural y artístico, sus cartas, diarios y libros serán más ricos en matices y su crítica resultará inevitablemente más completa. Desde luego, en los textos de estos viajeros se ve a simple vista que algunos, que son hombres de ciencia y científicos de profesión, y hasta de cierto renombre en algún caso y área de investigación concreta, hacen sustanciosos comentarios sobre la economía y la historia económica de esta región o sobre aspectos técnicos de la ingeniería civil del legado arquitectónico romano que ha heredado Mérida. Se comprueba una y otra vez que aquello que les atrae, también por razones de su especialidad o manifiesta vocación, es más bien la estética de los monumentos y demás obras de arte que a lo largo de los siglos se han producido en Extremadura. Su valoración a veces aporta datos que sin duda enriquecen y merecen ser registrados en la historia de la cultura y el arte de la región. Por citar un ejemplo más, lo que apasiona a otro tipo de visitantes es el protagonismo que las gentes de esta tierra han tenido en el contexto universal de la historia. Así, son muy abundantes las atinadas observaciones sobre la fuerte resistencia de los pueblos primitivos a la conquista romana, la romanización o la cristianización de esta parte de la península ibérica. Abundantes son también los interesantes comentarios sobre la época visigoda y el dominio árabe de esta región. Mayores aportaciones contiene tal vez su relato referente

---

3 No se cuestiona en estas páginas que la nacionalidad de los viajeros sea alemana, suiza o austriaca.

al período de la Baja Edad Media y, sobre todo, a la participación de extremeños en la gesta americana.

También tiene un interés especial el hecho de que el recorrido de estos viajeros se realiza a lo largo del siglo XX, con lo que recuerdan a los lectores de fuera y a las jóvenes generaciones de hoy en día los cambios profundos que ha sufrido esta tierra no solo a lo largo de la historia anterior, sino incluso durante la pasada centuria.

En su conjunto los relatos que conforman este volumen aportan una información interdisciplinar muy necesaria tanto en la Unión Europea como en un mundo global en el que el conocimiento de la identidad y la cultura de los pueblos que lo componen debe ser un factor determinante de encuentro, integración y solidaridad. En la medida en que de esa información se alimentan a menudo guías y libros de viaje, cabe esperar que el legado de estos autores contribuya a superar ciertos prejuicios xenófobos que persisten en no pocas sociedades e individuos y allanen el camino hacia una mayor unión gracias a todo lo que propicia el viaje.

Capítulo I Herbstreise nach Spanien und Portugal

August Zahn

Berlin: Reimer, 1912

Introducción

Pocas son las noticias sobre la vida de este viajero alemán que en el prólogo de su obra comenta que la travesía otoñal, realizada a principios
del siglo XX por un total de ocho viajeros, rondó los cuarenta días de
duración. August Zahn confecciona el contenido de su relato, como él
mismo sugiere en su prólogo, con gran esmero para que sirva de guía y
propuesta a todo aquel que no pueda dedicar una fracción de su tiempo
al conocimiento de España y Portugal[4].

  Si bien es cierto que, por una parte, Zahn (1912: 9 y sigs.) alaba la
cultura, el arte y el paisaje que va descubriendo, mientras deja cons-
tancia, por otra, de lo agotador del viaje y del pésimo estado de la red
ferroviaria española, pues no en vano se precisan unas veinticinco horas
para cubrir el trayecto de Lisboa a Sevilla. También deja entrever su
postura personal sobre la petulancia y la soberbia de algunos sectores de
la iglesia en Extremadura. El fragmento que se expone a continuación,
tan breve como conciso, relata su fugaz paso por Badajoz y Mérida con
dirección a la capital hispalense.

Traducción

[...] después cruzamos el Caia[5], río que traza la frontera, para aden-
trarnos en territorio español hacia Badajoz, la fortaleza fronteriza a

---

4 No cabe la menor duda de que el tema del presente trabajo constituye, en
  algunos casos, una parte de un todo más amplio, como así ocurre con Zahn y
  con otros viajeros que pasan por Extremadura en su recorrido hacia Portugal.
5 Caya, en español, es un afluente del Guadiana que en su curso final hace de
  frontera natural entre España y Portugal.

orillas del Guadiana: una ciudad hermosa con una catedral antigua y un castillo[6] que corona la colina y las espléndidas fortificaciones. Y curiosamente, la primera mirada al andén nos reveló que volvíamos a estar en España. Allí estaba con su pose arrogante el primer clérigo que habíamos visto unos días antes, y delante de él unos cuantos jóvenes que sumisos le besaban la mano, que él les tendía con desdén.

Siguieron Mérida con su soberbio puente romano sobre el Guadiana y su enorme acueducto romano de tres plantas, Zafra con su imponente Alcázar gótico, Llerena y, por fin, Sevilla, tras cruzar el Guadalquivir.

---

6 N. del T.: En español en el original.

Capítulo II Das unbekannte Spanien. Baukunst, Landschaft, Volksleben

Kurt Hielscher

Berlin: Wasmuth, 1921

Introducción

Fueron más de cinco años los que tuvo que permanecer el alemán Kurt Hielscher (1881–1948) en España durante la Primera Guerra Mundial, tiempo que aprovechó para completar un periplo de 45 000 km a lo largo y ancho de la geografía española, junto a su fiel compañera de viaje, una cámara Zeiss Ikon (Herradón, 2007). Hielscher narra e ilustra las vivencias de este recorrido con una profusión de valiosas fotografías en *Das unbekannte Spanien*, donde solo aparece una parte mínima de sus más de 2000 instantáneas. De ahí que esta obra suponga un documento valioso y muy revelador de la cultura española con resonancias internacionales[7] y un testimonio muy elocuente de los valores de algunos de los pueblos más olvidados de la época, en el que además se percibe el latido de la historia cuando se evocan acontecimientos de tiempos pretéritos.

También al leer esta parte del texto en que recoge la experiencia agridulce de su paso por Extremadura da la sensación de que se contemplan algunas de las fotografías que dispara a lo largo del camino. En

---

7 Especialmente en lo que concierne al Monasterio de Yuste, pues fue este el santuario en el que pasó los últimos años de su vida el emperador Carlos I de España y V de Alemania (1556–1558). Este monasterio se encuentra en la comarca de La Vera al noreste de la provincia de Cáceres entre la Sierra de Gredos y el bosque mediterráneo de La Vera. Junto a la riqueza natural del enclave, sobresale el valor arquitectónico del santuario. Para más referencias sobre el retiro de Carlos V y este monasterio, pueden verse las publicaciones de Sánchez Loro (1958), Pérez de Tudela (1995), Checa (2007) y Corbacho Sánchez (2017).

ese sentido, no deja de ser una hermosa casualidad que al principio del relato se fije en "la luz diamantina de las estrellas" de las noches del sur; y al final, en la "plateada luz de la luna" del amanecer, que es cuando se despide de los monjes de Yuste. Y en esta línea, destaca en su travesía el contacto con el pueblo extremeño, es decir, su encuentro, por un lado, con los dos pastores y con el tabernero; y por otro, su estancia con los monjes. En esas partes del relato sabe reproducir el diálogo sencillo que mantiene con los extremeños y que rezuma bondad, generosidad y hospitalidad. Esos diálogos, y el contexto en que los introduce, son los que añaden esa nota fotográfica al texto. Además, ofrece un retrato de sí mismo en la sarta de exclamaciones quejumbrosas que profiere al sufrir los efectos de ese sol de justicia que reina en Extremadura en la estación estival, que es la que él ha elegido para su viaje.

Por otro lado, subraya en su paso por Yuste la admiración por la civilización alemana que sienten, por una parte, los lugareños, brindando por Alemania e insistiendo en abonar los gastos en la taberna, y por otra, los monjes del monasterio que, tras una primera negativa, le acogen con gran entusiasmo, dándole cobijo en cuanto les revela su nacionalidad.

Traducción

Marcha al Monasterio de Yuste

Parto poco después de medianoche, pues es delicioso caminar durante las noches del sur, cuando desde la gran cúpula del cielo la luz diamantina de las estrellas extiende una suave claridad.

A la reconfortante y fresca noche le sigue un día de verano, que se convierte en el enemigo del caminante.

Las horas transcurren bajo el calor del horno del día. Todos los males imaginables: ¡Un calor infernal! ¡Sed! ¡Sin agua! ¡Ni un árbol, ni un arbusto en millas! ¡Sin sombra! ¡Durante horas ni una casa, ni un alma, melancolía solitaria! Un río me corta el paso. ¡Sin un solo puente en ninguna parte! ¡Así que por el agua y adelante!

¡Allí, un pastor! ¡Oh, qué sensación tan feliz de saber que no se está solo en el mundo!

– "¿Voy por el camino correcto hacia el monasterio de Yuste?".
– "Sí, pero dime, ¿de dónde eres? ¿De qué país eres?". El ingenuo muchacho me tutea de manera fraternal, como si fuéramos viejos amigos. Y cuando oye que soy alemán, siente una alegría incontenible.

– "Voy contigo hasta el siguiente pueblo; tienes que contarme algo sobre tu gente". La guerra mundial ya había traído algunas noticias a este remoto lugar de la tierra. Es una delicia todo lo que esta alma cándida pregunta y quiere saber. Leer, escribir, calcular son para él conceptos desconocidos; nunca ha visto un tren, nunca ha salido del entorno de su pueblo.

En la ladera de la montaña aparece otro pastor y lo llama:

– "¡Miguel, baja!"
– "¿Por qué?"
– "¡Quiero enseñarte una cosa muy rara!"

Su amigo desciende a pasos agigantados.

– "Bueno, ¿qué pasa?" Y mi acompañante me señala y pregunta muy orgulloso: – "¿Sabes qué es?"
– "¡No!"
– "Tú, ¡es un alemán!". El otro: oírlo, tomar mi mano, aplastarla entre sus enormes puños y soltar un taco de admiración, fue todo uno. Nunca me había impresionado tanto una palabra de admiración, un homenaje a mi patria. Encontré este entusiasmo por Alemania por todas las partes del país, en todos los estratos sociales de la población.

Nos acompañó; y aún se unieron más. El domingo los atraía al pueblo. Así, hice mi entrada que parecía ir seguida de un cortejo triunfal. Hacia la taberna, al vaso de vino, hacia un descanso bien merecido.

Y de nuevo la marcha. Voy al mostrador y quiero saldar nuestra cuenta. El tabernero hace un gesto negativo con la mano.

– "Ya está arreglado".
– "No, usted se equivoca, aún no he pagado".
– "No me debe nada; Pepe lo ha arreglado todo."

Me acerco a mi amigo.

– "Eso no puede ser, que pagues por mí". Entonces contesta con una cortesía clara y sencilla:
– "Eres huésped de nuestra tierra, ¡así que también eres mi huésped!"...
Le tiendo la mano.
– "No, amigo, tú y todos vosotros habéis tomado el primer trago a la salud de mi patria; así os habéis convertido en mis huéspedes; ¡así que me corresponde a mí!". Finalmente, tras darle muchas vueltas,

aceptan; pero debo prometer que aceptaré su hospitalidad cuando vuelva.

Unas manos grandes me desean suerte en mi camino. Con el corazón alegre, continúo la marcha.

Y por fin me encuentro ante la puerta del monasterio de Yuste. En ese momento se abre y montado en un burro sale el abad con su barba blanca, bajo una sombrilla verde.

Le saludo.

- "Reverendo padre, ¿puedo pasar la noche en el monasterio?"
- "No, no tenemos alojamiento".
- Y decepcionado, grito: "¿Pero a dónde voy a ir ahora? Ya llevo 50 kilómetros caminando. Vengo de Navalmoral".
- "¿A pie? ¡Impensable!".
- "Claro que sí. Soy alemán. Quiero ver el paraje que el emperador alemán Carlos V cambió por todas las coronas del mundo y en el que cerró los ojos".
- "¿Usted es alemán? ¡Por supuesto que no puede continuar!". Me reciben con alegría.

Me conducen a través del monasterio que antaño fue destruido por los franceses. Los escombros y el moho han continuado la batalla de la destrucción en el claustro. Sin embargo, sobre las ruinas emerge triunfante la nueva vida de la naturaleza, embelleciendo la decadencia de lo antiguo. Es un lugar propicio en el que se puede meditar sobre la limitación de todas las cosas, sobre el fin de toda felicidad terrenal.

Por estas dependencias deambuló en el pasado el amo del mundo, que se convirtió en fugitivo del mundo.

En la cena me siento a la mesa de los monjes y ellos se ocupan de mí fiel y fraternalmente.

Al día siguiente, me despiertan mucho antes del amanecer.

Palabras cordiales de despedida. Un hermano me alumbra con el farol por el oscuro y antiquísimo parque. La puerta del monasterio cruje, se cierra de golpe y vuelvo a estar fuera en el mundo, rodeado de la plateada luz de la luna.

Como hechizado, me quedo quieto. Y entonces suena la campana, que llama a los monjes a misa.

Capítulo III Auslandsrätsel. Nordamerikanische und spanische Reisebriefe

Friedrich Dessauer

München: Verlag Josef Kösel & Friedrich Pustet, 1922

Introducción

Friedrich Dessauer nace el 19 de julio de 1881 en Aschaffenburg. Hijo de un comerciante, cursa la enseñanza primaria en su localidad natal, y posteriormente estudia ciencias naturales en Múnich y Darmstadt. Ya desde muy joven muestra un gran interés por los rayos X y sus aplicaciones en la medicina. Durante sus años de estudiante en la Universidad Johann Wolfgang Goethe de Fráncfort, a la que asiste hasta 1917, funda un laboratorio de investigación, lo cual abre nuevos caminos en la tecnología de rayos X. Estas investigaciones hacen que sea profesor de esta universidad y más tarde catedrático y director del actual Instituto Max Planck de Biofísica.

Entre 1924 a 1933 ocupa un escaño en el *Reichstag*, el parlamento alemán, en el que defiende una política de centro-izquierda desde los postulados de su compromiso de la doctrina social de la iglesia católica. La defensa de la democracia y la oposición a Hitler le ponen en el punto de mira del régimen nazi y en 1926 los nacionalsocialistas le acusan de alta traición. Aunque finalmente es absuelto pronto optará por exiliarse en Turquía, donde ocupó un puesto en la Universidad de Estambul para continuar con las aplicaciones médicas de los rayos X. En 1937 se traslada a la Universidad de Friburgo, en Suiza, para ocupar la cátedra de Física y no será hasta 1953 cuando regrese a su país natal.

Este brillante científico, radiólogo y filósofo[8] muere el 16 de febrero de 1963 a consecuencia de la contaminación radiactiva que ya había

---

8 Para más referencias sobre Dessauer, consúltense las publicaciones de Mitcham (1989), Goes (1995) y Habersack (2011).

provocado que se sometiera a varias intervenciones de cirugía estética por las quemaduras y las lesiones que había sufrido en su rostro.

La faceta de viajero por tierras extremeñas de Dessauer queda, por motivos obvios, relegada a un segundo plano, máxime cuando vuelve a tratarse de un alemán que se siente atraído por Andalucía[9], una de las regiones más visitadas por una amplia retahíla de viajeros foráneos, pues cruza Extremadura de norte a sur con dirección a Sevilla. Sin embargo, no desmerecen, a pesar de su brevedad, las notas sobre Trujillo, los elogios a Mérida y la descripción de los parajes naturales que va dejando atrás en su recorrido.

Una simple mirada al relato que Dessauer ha dejado de su rápido paso por Extremadura delata su perfil y sus preferencias. Las cosas y los aspectos que le interesan se compadecen perfectamente con su curiosidad y vocación científica. Ofrece comentarios sobre la meteorología. Se fija en la flora y la fauna del territorio, sin excluir la entomológica. Menciona no solo los cereales, la vid y el olivo que conforman el sustento de la población, sino también las amapolas u otras flores que descubre en los arbustos y de cuyo nombre, el "Pacífico", le informan los lugareños. Y sobre todo se muestra fascinado por la impresionante ingeniería civil romana. Nos habla del tórrido calor, capaz de hacer estallar los neumáticos del automóvil. Se refiere a la calidad del aire, que cambia al acercarse a Andalucía. Presta atención a los insectos, recordando la palabra *zirpen* que, en su alemán nativo, denota el ruido que hacen las cigarras (término no menos técnico que su equivalente en español "estridulan"). Admira el espectáculo de las cigüeñas en las torres de las iglesias, aunque no acierte al comentar que por estas tierras se desconoce la función de traer niños que se atribuye a estas aves. Destaca sobre todo, según se acaba de indicar, su admiración por las

---

9 Como también ocurría con el viajero Zahn (1912). Es obvio que, en este sentido, la región extremeña ha desempeñado un papel de corte más secundario. Ubicada en el extremo oeste de España, Extremadura no puede competir con uno de los destinos prioritarios, tanto en épocas pasadas (Ortega Cantero, 1990; López Ontiveros, 200) como en tiempos más recientes, de los viajeros en general y de los visitantes de habla alemana en particular como resulta ser Andalucía (Rubow 1997: 196 y 200). En efecto, son ciertamente numerosos los relatos de viaje con referencias a esta región y a sus ciudades entre las que destacan Sevilla, Córdoba o Granada, sobre todo con sus monumentos andalusíes más característicos. Consúltense, a título de ejemplo, las obras de Wegener (1895) o Schäfer (1928), entre otras.

magnas obras y los magníficos monumentos que constituyen el legado romano de Mérida. Detrás de cada monumento e incluso del topónimo Mérida coloca de forma reiterativa el adjetivo romano; y para que no quepa la menor duda de la grandeza de aquellos arquitectos, al mencionar el puente sobre el Guadiana añade "hecho por manos romanas". El énfasis que prevalece en su texto es de indudable naturaleza científico-técnica. De ahí que, cuando en la localidad que está visitando, no sienta una motivación de este tipo, despache su descripción con los lugares comunes de las guías turísticas convencionales. Sobre un lugar tan valioso histórica, cultural y artísticamente como Trujillo, se limita a decir que es cuna de protagonistas de la gesta del Nuevo Mundo, y cuando se fija en uno de sus importantes monumentos no sorprende que sea precisamente el Palacio de Pizarro.

Traducción

Agotados por el sol y el polvo, nos detenemos a mediodía en Trujillo. De aquí es desde donde hace siglos partieron los grandes descubridores españoles. El Palacio de Pizarro sigue en pie y orienta su prominente muro hacia la calle. Tras una breve siesta[10], continuamos. En España las cigüeñas se han dedicado a otra profesión. Aquí no se sabe nada de eso de traer a los niños: parece que sirven a la iglesia, por lo menos son veinte o incluso cincuenta ejemplares los que se reúnen en los tejados de la iglesia. Las brasas son un enemigo de la goma. Un estallido nos saca de la hipnosis del polvo, de los vientos candentes y de la claridad deslumbrante. Unos insectos grandes saltan detrás de setos extraños, flores rojas brillan en los arbustos, "Pacífico"[11] las llamaba nuestro anfitrión, y las cigarras estridulan. Por lo demás, una soledad infinita.

A última hora de la tarde llegamos a Mérida, ciudad romana y una de esas rarezas de entre las muchas que se encuentran en España. La antigua conducción de abastecimiento de agua lleva al acueducto que atraviesa el valle. Murallas romanas. Un anfiteatro romano. A través de un puente construido por manos romanas alcanzamos la otra orilla del río.

La tierra se enriquece e innumerables olivos se juntan con un mar de cereales. El vino, cultivado en las llanuras, atenúa el brillo de los colores amarillo y rojo de la tierra. Como bloques caídos del cielo,

---

10 N. del T.: En español en el original.
11 N. del T.: En español en el original.

archipiélagos de montañas se encuentran cerca y lejos en una inmensa meseta. La amapola roja brillante trae el recuerdo de la patria. En Villafranca vemos por primera vez un tren próximo a esa reluciente ciudad blanca que se extiende por aquel entorno. Cae el sol al rojo vivo, la tierra rojiza se torna aún más roja y la tristeza embarga a las montañas sin vida de roca y arena. Se nos echa encima la noche y todavía tenemos que cruzar Sierra Morena. Rara vez emerge un pueblo de la oscuridad. Las casas con las puertas abiertas dejan entrever elegantes patios con flores y esbeltas columnas, mientras los gritos de las mujeres y los niños acompañan nuestro apresurado viaje. Pasan las horas. Las crestas de las montañas, como monstruosos cuerpos de animales negros, se muestran ante nosotros. Brillan las estrellas y allá arriba muy lejos se ve una luz suave y polvorienta. Pero el color de las lindes de nuestro camino es negro. Cambia el aire. Estamos en Andalucía.

Capítulo IV Spanische Wanderungen

Hans Roselieb

Berlin: Deutsche Buch-Gemeinschaft
G.M.B.H, 1926

Introducción

La vida de Hans Roselieb, que nace en 1884 y muere en 1945, está indisolublemente unida a su interés por la literatura. Se dan en él algunas de las contradicciones que caracterizan a las generaciones del período de entreguerras, contradicciones que tal vez se ven incrementadas por las falsas esperanzas que el nacionalsocialismo sembraba en una juventud y en un país destruidos por la gran guerra. Sea cual fuere el origen de esas contradicciones, una vez concluidos sus estudios de comercio en Hamm, se dedicó de lleno al viaje y no solo en su país, sino principalmente por Francia y España. Desde su juventud, y sin duda alguna a lo largo de su etapa bohemia y su vida viajera de escritor independiente, el duro contraste entre el impacto de ciertos postulados expresionistas a los que se adhiere y los principios de la doctrina católica que profesa han sido factores determinantes en su personalidad. Es más, con toda probabilidad los efectos de la contradicción entre un auténtico compromiso social y la degeneración que ese compromiso sufre con el nacionalsocialismo no son ajenos a la triste solución que acabaría dando a su vida, el suicidio en el castillo de Holtfeld (en la actualidad distrito de Borgholzhausen) en 1945.

La producción literaria de Roselieb, en la que vertió sus inquietudes histórico-artísticas y sus experiencias viajeras, alcanzó una distribución considerable, incluyendo ensayos, novelas, relatos de viaje, cuentos y obras de teatro. Cabe citar la novela *Blutender Sommer. Roman aus dem Spanischen Bürgerkrieg* (1937) que relata los hechos de la guerra civil española.

En lo que afecta al estilo de su obra viajera, como se percibe en el texto aquí incluido, no solo se ven destellos de ese lenguaje concentrado y conciso, o ciertas frases o sintagmas de tono coloquial y exclamativo tan apreciados por los expresionistas. Se percibe además un interés especial por la psicología de los personajes e incluso la mentalidad de alguna de las épocas referidas, sin relegar a un segundo plano la dimensión artística y, sobre todo, la descripción histórica que siempre está muy presente en la mirada de Roselieb y relacionada con los lugares que contempla. En este sentido, el escrito seleccionado contiene algunas pinceladas muy acertadas de la filosofía de la historia de Extremadura.

Traducción

Mérida, Ciudad Cementerio

Esta antigua capital de Lusitania se sitúa en una encrucijada que va a Portugal por el oeste, a la llanura del Guadalquivir por el sur de España y a Salamanca por el norte. Hoy en día la región se llama Extremadura. En el trayecto hacia Salamanca sorprende su carácter salvaje. Las cimas de las montañas repletas de rocas y guijarros dibujan formas aterradoras, y en sus laderas de vez en cuando surgen bosques de castaños y robles bajo los que los cerdos buscan bellotas. También de vez en cuando se pueden ver abetos que desafían condiciones adversas. Terribles páramos se ven interrumpidos por campos de maíz de colores brillantes, que gritan y se agitan. Las cabras rebuscan los exiguos pastos. La tierra es oscura y la luz es de una luminosidad intensa. La gente es seria y callada. Su indolencia parece cansancio. Porque han pasado por cosas terribles.

En aquellos siglos, antes de que la luz cristiana penetrara aquí como una intensa luz espiritual, el país estaba asolado por pequeñas guerras devastadoras, que los romanos solo ganaron tras décadas de duros combates, y ni siquiera por su valentía sino solo (como en casi toda España) por medio de la traición, el engaño y el soborno. Tan traidores, tan cruelmente hambrientos de poder demostraron ser los romanos, como leales y amantes de la libertad hasta la locura fueron los habitantes de esta región: los lusitanos, pueblo fruto del mestizaje de íberos y celtas, en los que se encuentran las cualidades celtas de espíritu guerrero, astucia y agilidad, con las que vencían ante cualquier nueva situación.

Su líder más importante fue la figura heroica de Viriato. De pastor pasó a ser un líder de guerrillas, y finalmente el organizador de la guerra contra los romanos, hasta el punto de que Roma tuvo que enviar a sus mejores estrategas militares para enfrentarse a él y romper los tratados en varias ocasiones. Esto también fue en vano, hasta que unos asesinos sobornados mataron al poderoso defensor de ese territorio en que había nacido él y los suyos mientras dormía. En su entierro 200 parejas de selectos espadachines condujeron la ceremonia fúnebre. Tan querido era este auténtico rey popular y tan profundo era el sentimiento de que la libertad de todos se enterraba con su grandeza.

Bajo el dominio establecido por los romanos, que solo Augusto fue capaz de implantar, Extremadura se convirtió en el granero de España. También se explotaron sus grandes recursos mineros. Los godos se beneficiaron de ello. Los moros convirtieron la explotación en un sabio cultivo y llevaron el país hacia una prosperidad generalizada. Bajo el dominio castellano, llegará la peste con la hoz. Solo entonces se aportarán esos buenos y audaces soldados para la conquista de América. De aquí procedían Cortés y Pizarro. El país quedó despoblado por la emigración hacia los imperios del otro lado del océano. Hoy en día la gente está empobrecida y debilitada; la tierra mal cultivada; las riquezas del interior de las montañas siguen sin aprovecharse. Solo en algunas zonas se producen cereales, castañas, madera y los conocidos jamones de la ganadería porcina. El silencio de los cementerios pesa sobre el país.

La capital, Mérida, está situada en la parte menos accidentada, donde convergen las rutas militares en el río Guadiana y podrían reunirse las fuerzas del ejército. Aún llega a ella la luz del Mediterráneo.

Atravieso el puente romano. Los bloques de granito, no del todo inmunes al polvo o desgastados por él, tienen una historia de casi 2000 años de poder humano, de grandeza y caída, en 64 arcos de 74 metros de longitud. Bajo Augusto fue la arteria de la "Augusta Emerita", la capital de Lusitania, la Roma española. Al igual que Roma, esta ciudad se tuvo que extender sobre colinas, fue rica en vida económica, fuerte en poderío militar, y con numerosas y magníficas edificaciones públicas, residencias privadas palatinas, barrios con gran actividad comercial, mano de obra y esclavos de todas las etnias mediterráneas, abundantes jardines públicos y privados, y pródiga en construcciones de placer, lujo y deporte.

Cruzo este puente magnífico y veo en mi mente esta ciudad desaparecida desde hace tiempo que se levanta bajo el mismo sol que hoy cae del cielo como un velo de oro. Se me aparece como un fantasma un mar de edificios de múltiples plantas, del que en la época de los visigodos, justo después de los romanos, la crónica de Roderich nos cuenta con evidente alegría y grandes números que tenía 84 puertas, 5 castillos (pensemos en 5 fortalezas romanas, algo monstruoso hoy en día) y 3700 torres. Veo esta ciudad en los velos de oro del sol de abril, como en la bruma dorada del pasado, extendiéndose por las colinas que tengo delante y me rodean, y siento la misma alegría infantil ante la contundencia de los números. Hay algo de romano y nada de americano moderno, pues el cuerpo visible era parte de esas cifras. Esta cifra impresionante se percibe aquí tan pronto como se ven los bloques de granito de este antiguo puente, que tiene que proceder de la época del emperador Augusto; y se percibe también en cuanto se sube hacia el antiguo anfiteatro romano y al propio teatro, recintos perfectamente conservados que se encuentran algo apartados de la pequeña ciudad actual. También ahí uno se sorprende del tamaño del número 1, si se entiende por él solo uno de los numerosos y formidables bloques que forman los enormes muros y entradas de estas construcciones deportivas y de entretenimiento. También en ese momento se siente el alma de esos cuerpos de las cifras de la crónica, un alma en extremo ardiente y deseosa de gobernar, pero que se presenta majestuosamente tranquila en su esfuerzo al arquear los numerosos bloques, con una fuerza endiablada y excelsa, que se gradúa a la medida sonrientes y acogedoras de las filas de asientos. Esta es la disciplina; la misma disciplina de la Roma que transformó la columna griega en expresión del orden mundial del Imperio romano, eliminando la gracia divina del alma griega y dotándola de miembros cuasi marciales. Allí hay algunas de estas columnas. Los arqueólogos las han erigido de modo impoluto bajo el cielo azul cristalino. Da la sensación de que utilizan el cielo como medida de altura para dar forma a un sentido del poder humano de Roma. La columna adquiere así una relación con ese poder sobrenatural intangible que podría llamarse destino, fortuna o, como el de los antiguos paganos, Dios Padre Cronos. Estas columnas romanas siguen apareciendo hoy aquí como un vínculo terrenal con la esencia divina en medio de las ruinas del teatro, llenas de cabezas de columnas y fragmentos de relieves, y cubiertas por completo de musgo, líquenes y hierbas.

Seguimos aquí bajo la luz mediterránea de España. Un poco más al norte comienza la auténtica Europa. Ya en Salamanca, bajo un cielo diferente me recibe un abril de un tono distinto. Esta es la última ciudad del sur que veo. Un tácito temor, a que al cabo de unos días perderé este azul cristalino del aire que me rodea, me hace abrazar cuanto encuentro en ella con un amor más intenso.

Y así recorro los asientos de piedra de dos mil años del teatro y el cuerpo corresponde a un número. Desde ahí habla el espíritu de mando del pueblo que ha ejercido el gobierno más poderoso del Mediterráneo: Podéis hacer lo que queráis. Dad rienda suelta a vuestros juegos, a los deseos lujuriosos de vuestra sangre. Yo los conformo a mi medida, y eso es el orden romano. Ahora entiendo por qué un grupo de soldados romanos puede llamarse columna del ejército. También es una relación romano-terrenal con el poder impredecible de la fortuna. También lo son las actividades económicas y el derecho romano. Vuelvo a ver la antigua ciudad con esa vida primitiva de los pueblos del sur, pero controlada, ordenada, aunque sea por medios tan crueles como la perfidia y la traición. La vida cálida en sus casas y calles fluye como la sangre por los conductos y vasos del cuerpo humano. ¡Imperio Romano!

Después veo desaparecer los escasos restos del antiguo circo en el pantano y veo los pilares del antiguo acueducto romano, que los españoles llaman Los Milagros. 37 pilares de unos 26 metros de altura conforman hasta 3 plantas con 10 arcos de granito y ladrillo. En ellas veo anidar un número incontable de cigüeñas. Las aves se acarician entre sí o planean hacia arriba y hacia abajo en sus vuelos tranquilos. Reina un silencio como el de las tumbas o los claros solitarios del bosque de aquí del norte, donde nada llena el aire como la respiración de la vegetación. Aquí puedo sentir con claridad esa respiración de la vegetación desde las húmedas y exuberantes vegas verdes del Guadiana, bajo el brillo casi ardiente del sol, como si latiera bajo la piel. Oigo a lo lejos el característico aleteo de las grandes aves acuáticas, entre el griterío de numerosos halcones negros que también habitan en las rocas de los antiguos arcos de piedra. El mismo silencio se extiende por todo el entorno, donde crecen abundantes cereales, olivos y romero. Y la vida de la pequeña y blanquecina ciudad de Mérida de hoy, modestamente burguesa, llena de tranquilas y sonrientes atenciones, no es sino esa respiración vegetativa que se siente en los viejos patios de las iglesias cuando se pasea por ellos a solas en las tardes tranquilas. Mérida es un viejo cementerio, lleno de monumentos a los muertos de una vida en ebullición, de una caldera de gente que hierve a borbotones.

La ciudad fue construida por los castellanos después de que la antigua y gigantesca fortaleza fuera destruida durante la conquista. En un emplazamiento desde el que se desciende en todas las direcciones se alza un extraño monumento formado por cabezas, calaveras diría yo, aunque se trata de antiguos capiteles romanos. Sobre el último se eleva una figura con el diseño puro y riguroso de la virginidad bizantina. Se trata de la imagen de piedra de la patrona de la ciudad, santa Eulalia, que fue quemada de niña aquí en un horno; quemada y además con una sonrisa, una sonrisa divina. ¡Qué enorme fe en el más allá se necesita para que sonría el alma mientras se quema el joven cuerpo! Es un poder tan grande como el de los romanos, que establecieron aquí, ante un modo de vida primitivo, un orden militar, legal y económico, que funcionaba casi como una frontera. El nuevo poder sonrió y rezó. Pero este poder fervoroso de la *anima christiana* quebró el poder de los antiguos romanos. Y esa sonrisa de portentosa seguridad se respira también aquí en el aire del gran cementerio con los múltiples monumentos a importantes acciones humanas.

Ese estado de ánimo, esa misma sonrisa sobre la muerte, se apodera de mí como un soplo de aire fresco sobre una copa de cristal mientras contemplo la pequeña capilla construida con restos del antiguo templo de Marte; o mientras observo las huellas del pasado romano y, con menos frecuencia, visigodo y árabe en muchas casas burguesas.

Observo a las todavía personas morenas del sur mientras caminan por esas calles, que son casi como pasillos pulidos. Es una escena de la existencia de esa pequeña burguesía, que goza cómodamente dentro de sus límites, en la debilitada pátina de la antigua grandeza. Mérida, como casi toda España, vive solo la extraña vida vegetativa de esos pueblos, cuya avidez carece ya de protagonismo en el devenir histórico de los tiempos modernos. Descansa, se reúne, vive como una planta hasta ese momento en que llega como un soplo potente del Espíritu Santo que trae consigo la gran preocupación, el temor cotidiano, la terrible incertidumbre. Solo esta peligrosa incertidumbre pone en tensión los nervios, los sentidos, el alma ante esas obras excepcionales que retrospectivamente se llaman monumentos históricos o artísticos. En momentos de tensión como este, la sonrisa puede volver a aflorar en el rostro de un cuerpo que se abrasa en una parrilla al rojo vivo, y los números, que corresponden a los cuerpos de un alma muy grande, volverán a sonar.

Capítulo V Meine Wander- und Pilgerfahrten in Spanien

Beda Kleinschmidt

Düsseldorf: Aschendorff, 1929

Introducción

Fray Beda Kleinschmidt OFM (Julius Theodor Kleinschmidt de nombre de pila) nace en Brakel el 12 de octubre de 1867, es el séptimo de los doce hijos de la familia formada por Ferdinand Kleinschmidt, maestro fontanero, y Gertrud Robrecht. Desde muy pronto comienza su formación humanista en centros y seminarios de la provincia franciscana de Sajonia, que le recibe como miembro de la orden en 1888; y muy pronto también se inicia la experiencia viajera de fray Beda, ya que hizo su noviciado en Holanda. Completa sus estudios en centros de la orden franciscana, en los que pronto se estrenará también como docente y director. Y a pesar de no haber estudiado nunca en una universidad, recibió en 1915 el doctorado de la Facultad de Teología de la Universidad Albert-Ludwigs de Friburgo por sus numerosas publicaciones. En el ámbito de la docencia descubre su otra vocación: la literatura y la historia del arte, especialmente del arte franciscano. Su magna obra, *Die Basilika San Francesco in Assisi*, sigue siendo hoy una publicación de referencia sobre el tema. Kleinschmidt muere de neumonía el 7 de marzo de 1932 en Paderborn.

Este es el rico bagaje humanístico y artístico con que inicia su viaje como peregrinación (Martínez Alonso, 2006) a España. Aunque parece que este viajero de oficio religioso no tenía la intención de incluir Extremadura en ese periplo, acabará visitando el monasterio de Guadalupe que alberga una comunidad franciscana. No parecía muy animado a hacerlo, y no solo porque entre los tesoros artísticos de este viejo monasterio jerónimo no hubiera arte franciscano, sino sobre todo, porque pensaba que la ruta a Guadalupe se hallaba en un estado muy precario, junto a las típicas valoraciones en torno a la tierra árida, la despoblación y el abandono que se repiten en otros viajeros que visitaron esta región. Sin embargo, no hay duda de que no se arrepintió de su decisión, ya que el estado pésimo de los accesos, como así lo reflejaban sus comentarios, había mejorado mucho y pudo comprobar que el monasterio es todo un museo, y un museo de primer orden. De ahí que su descripción de lo que va viendo es una magnífica guía, no solo artística, sino también histórica[12] del monumento. Es, en efecto, una magnífica guía y una lección magistral de arte, aunque incomprensiblemente se olvide de los magníficos Rembrandts que también se encuentran en este monasterio.

Traducción

Mi peregrinación a la Virgen de Guadalupe

En reiteradas ocasiones me habían preguntado si no me gustaría visitar a la Madonna[13] o, como se dice en España, la Virgen de Guadalupe. Pero siempre me había negado, en parte porque el viaje hasta allí, en medio de una región poco accesible como Extremadura, sería muy molesto y agotador; en parte porque no creía que allí fuera a sacar ningún provecho para los objetivos específicos de mi estudio. Una vez fijado el día de mi partida y hecha mi maleta, conocí por casualidad en la calle a un franciscano de tez morena, que se presentó como miembro del convento de Guadalupe y me invitó con entusiasmo a que visitara a la Virgen. De ningún modo se negó a aceptar mis objeciones. Insistía en que el viaje a Guadalupe hoy en día es muy cómodo y agradable, y en que la información de la última edición de la guía Baedeker[14], según

---

12 Con respecto a la redacción de Kleinschmidt, apunta Antonio Regales (1979: 235) lo que sigue: "Para la técnica y el estilo es importante adelantar que Kleinschmidt redacta su libro no sólo sobre la base de las impresiones *in situ*, sino a partir de sus libros de arte, de sus artículos periodísticos, de los diarios, nunca publicados, que había escrito como fruto de otros viajes".

13 Palabra con la que se alude a la Virgen María en italiano.

14 Karl Baedeker (1801–1859) nace en el seno de una antigua familia de impresores (Müller 2012: 29) y crea en 1827 su propia imprenta en Coblenza que no tardó en hacerse famosa por sus guías turísticas. Tras varias décadas cubriendo numerosos países, en 1872 la editorial pasó a ubicarse en Leipzig, donde sus descendientes continuaron con la edición de las guías de viajes. Y fue precisamente en Leipzig donde vio la luz *Spanien und Portugal. Handbuch für Reisende* bajo la dirección de su tercer hijo Fritz (1844–1925). No obstante, conviene indicar que en el repertorio bibliográfico de Besas (2010) no figura el nombre de Baedeker, por lo que resulta complicado dar fe de los desplazamientos por tierras españolas de este autor, pues no se sabe a

la cual hay que dejar atrás un camino ecuestre de 35 kilómetros, ya no
es en absoluto correcta; y añadía que aunque en Guadalupe no hubiera
arte de motivos franciscanos, allí podría conocer muchas otras obras
de arte, e incluso él estaría dispuesto a acortar un día su estancia en
Madrid para poder acompañarme.

No pude resistirme a tan amable insistencia. Decidimos rápidamente
partir el día de la Ascensión. Y el padre Carlos Villacampa, así se llamaba mi acompañante, tenía razón. El viaje de Madrid a Guadalupe
no fue en absoluto tan agotador como me habían contado; incluso fue
agradable, si se considera un viaje de cinco horas en un tren de cer-
canías y un trayecto en coche de 95 kilómetros como algo agradable.
Sin embargo, el viaje en coche aún no había llegado ni a la mitad del
recorrido, para el que un amigo del monasterio puso su coche a nuestra
entera disposición y de ese modo no tuviéramos que utilizar el auto-
bús, cuando ya le agradecí de todo corazón al padre Carlos su amable
invitación. Nos llevó justo al corazón de Extremadura, a esa región de
reformadores y conquistadores poco habitada, pero paisajísticamente
muy interesante. Aquí vivió San Pedro de Alcántara, amigo y consejero
de la gran Santa Teresa, y desde aquí partieron muchos conquistadores atrevidos y codiciosos que conquistaron un Nuevo Mundo para la
Corona española como Cortés, Pizarro y muchos otros. Aquí, esta solitaria y árida zona montañosa tiene que dar gente fuerte. Tras su abdi-
cación voluntaria del trono, el emperador Carlos V también se retiró a
esta soledad, al monasterio jerónimo de San Jerónimo de Yuste. Desde
la estación de Oropesa, donde dejamos el tren, nuestro coche circuló
a toda marcha durante unos 35 kilómetros por una carretera nacional
recta y en buen estado a través de ricas tierras de cereales con grandes
olivos centenarios, para coger a continuación grandes curvas sinuosas
con continuas subidas, fueron cuatro o cinco, y descender otras tantas
veces a profundos valles. El trayecto pasó por precipicios de vértigo,
ofreciendo en todo momento vistas cada vez más novedosas y más interesantes. Dejamos muy atrás la sierra de Gredos que incluso en verano
está cubierta de nieve, y poco a poco nos acercamos a la sierra de

---

ciencia cierta si ha pisado alguna vez suelo español. Además, la guía turística
de Baedeker, publicada por su hijo en 1896 –37 años después de su muerte–,
desbarata la simultaneidad entre el presunto viaje y la publicación del escrito,
de ahí que es probable que nunca haya estado en España. Para más detalles
sobre Baedeker véanse Müller (2012) y Corbacho Sánchez (2021).

Guadalupe que alcanza una altitud de 1736 metros. A lo largo de todo el recorrido pasamos solo por seis pueblos pequeños, Puente de Arzobispo, Aldeanueva, San Bartolomé, Puerto de San Vicente, por citar al menos algunos nombres típicos. Dondequiera que haya tierra apta para el cultivo vemos a hombres y mujeres trabajando con empeño en los campos, acarreando el grano de forma muy primitiva o trillándolo en el suelo apisonado. Rara vez nos cruzamos con un coche cargado. Los cereales se llevan al granero en burro a la antigua usanza. No es raro ver a ambos lados de la calzada grandes rebaños de ovejas que, sobre todo en los meses de otoño, bajan de las tierras altas de Castilla y cambian de pastos según un sistema determinado. Es una antigua costumbre; pues ya en 1526 se nombró un tribunal especial, el Consejo de la Mesta, para conciliar las inevitables disputas. Junto a las ovejas también vemos piaras enteras de cerdos, que se alimentan especialmente de bellota dulce y gozan de cierta reputación en España por sus exquisitos jamones. Que esta reputación no está injustificada lo pude comprobar esa misma noche por experiencia propia.

Nuestro coche lleva ya dos horas y media subiendo y bajando, cuando de repente se presenta ante nuestros ojos una pequeña localidad anclada en un valle. Y casi en el centro del pueblo sobresale por encima de todas las casas un enorme y amplio edificio. ¿Es un castillo, un castillo antiguo? Pronto nos informan de que estamos ante el monasterio y la iglesia de los monjes jerónimos, que tuvieron bajo su custodia a la Virgen de Guadalupe durante más de cuatro siglos. En la gran tormenta de 1835, ellos también tuvieron que abandonar este lugar tan querido. Durante setenta años el monasterio permaneció abandonado a su suerte, de manera que poco a poco amenazaba con caerse, hasta que hace aproximadamente unos veinte años se asentaron los franciscanos de Andalucía y dieron nueva vida a las ruinas, además de que instalaron una orden religiosa en los venerables edificios. El padre Carlos da a conocer la gloria de la Virgen a través de su revista mensual "El Monasterio de Guadalupe".

Guadalupe –la palabra es de origen árabe y significa río oculto– aparece históricamente durante el reinado de Alfonso XI de Castilla. Él mismo, que era un ferviente admirador de la imagen de la madre de Dios, que según la leyenda fue encontrada de manera misteriosa, sintió su protección milagrosa en la gran batalla del arroyo Salado, en Andalucía, el 30 de octubre de 1340, donde presuntamente a un ejército de 750 000 moros le hicieron huir 50 000 cristianos, lo que supuso un tremendo golpe al dominio árabe en el sur de España. Hasta entonces la Virgen negra solo se veneraba en una pequeña capilla, pero ahora las ricas ofrendas del rey permitieron sustituir la antigua ermita, en la que vivía el guardián de la Virgen, por una nueva construcción, presidida por un prior. Pero fue sobre todo el segundo prior, Toribio Fernández de Mena, quien, apoyado por la benevolencia de los reyes Pedro I y Enrique II de Castilla, construyó en veinte años (1348–1368) gran parte del actual monasterio. En 1389 el rey Juan I entregó el monasterio a la Orden de los Jerónimos, cuyo primer prior llevó a cabo una brillante actividad constructora durante veintitrés años. También los soberanos posteriores de España dieron numerosas muestras de simpatía al monasterio y a la Virgen de Guadalupe. Aquí se alojaron el emperador Carlos V y el rey Felipe III. Felipe II aún recordó a la Virgen de Guadalupe en su testamento y legó a la iglesia su ornamentado escritorio, que desde entonces se encuentra en el altar mayor y sirve para guardar la Eucaristía. Don Juan de Austria donó el gran farol que se encontraba en el barco del almirante en la batalla de Lepanto y que aún hoy en día cuelga del techo de la sacristía. La crónica del monasterio todavía relata otras numerosas muestras de benevolencia de la familia real, como lo anuncia el libro "Grandeza de Guadalupe" del padre Carlos.

Por eso, la iglesia también es rica en recuerdos de grandes personalidades y aún más rica en joyas preciosas. La cámara del tesoro alberga paramentos con bordados tan preciosos de la época renacentista que es difícil encontrar algo similar en toda España. Toledo puede superar a Guadalupe en valores materiales, pero desde un punto de vista artístico se debe dar prioridad a los paramentos de la Virgen de Guadalupe. La iglesia gótica de tres naves causa una importante impresión, a pesar de la posterior restauración barroca que, entre otras cosas, dio lugar al espléndido altar mayor de Gómez de Mora, que llega hasta la bóveda y las estatuas de mármol de Juan Bautista Semeria y Bartolomé Abril (1618). La sacristía es, como me dijeron, la más bonita de toda España. En cualquier caso, es tan grande que se pueden revestir al mismo tiempo dieciséis sacerdotes sin que por ello la estancia parezca estar llena en modo alguno. Pero lo que le da a esta sacristía un valor especial son las ocho pinturas de Zurbarán que representan la vida de importantes monjes jerónimos y que cuentan entre las obras más importantes del gran artista.

El monasterio tiene dos grandes patios interiores. Mientras el claustro con sus arcadas abiertas es tan amplio que puede pasar por el fácilmente un carro grande de heno, los pasillos del interior del monasterio son tan estrechos y angostos que cuando los recorrí tuve continuamente la sensación de que habían sido construidos así para la defensa de los ataques enemigos. Los muros reforzaban esa impresión. Tienen un grosor de hasta dos metros. Incluso algunos muros interiores no son una excepción en este sentido. A todo esto hay que añadir las macizas torres y las fortificaciones abaluartadas. La época de las luchas salvajes dio lugar a estas construcciones.

Pero la sorpresa más grande del monasterio me la dio una cámara aislada y cerrada. Contenía en una sencilla estantería de madera no menos de 86 enormes libros de un metro de altura con su correspondiente anchura y de tal peso que solo dos hombres podían sacarlos de sus estanterías. Para poder transportarlos con más comodidad, había unas tablas con tres pequeñas ruedas de hierro sobre las que podían rodar hasta el coro. Resulta que son libros que se utilizaban para el canto y la lectura de los salmos en el coro, donde se colocaban en un atril cuadrado de dos metros de lado, que aún existe hoy en día. Como se puede ver, aquí todo es enorme. Pero lo que en realidad les da valor a estos 86 folios escritos a mano son las casi innumerables pequeñas y grandes miniaturas con las que la mano del artista los ha decorado. Su elaboración se remonta a tres siglos atrás. En efecto, aquí se ha cumplido el viejo dicho: *Ora et labora*[15]. Solo el Escorial en España puede presumir de tesoros similares.

Como ya hemos mencionado anteriormente, numerosos conquistadores del Nuevo Mundo partieron de Extremadura. También llevaron la veneración de la Virgen de Guadalupe a México, donde supuestamente un indio encontró una réplica en 1531. Esta Señora de Guadalupe[16] es la patrona de México y apenas hay una iglesia o capilla en todo el país que no tenga una copia de la imagen. Pero mientras que en México esta Virgen es una pintura, en España es una estatua con características propias del siglo XIII.

Aunque la veneración de la Virgen de Guadalupe a lo largo de los siglos no ha mantenido siempre la misma fuerza e intensidad, nunca ha desaparecido del todo. Apenas pasa un día sin que la visiten peregrinos tanto de cerca como de lejos. Casi a diario se canta la Salve Regina cuatro o cinco veces delante de su imagen. Y el medio de transporte

---

15 Locución latina que literalmente significa "ora y trabaja".
16 N. del T.: En español en el original.

moderno, el automóvil, también trae a numerosos turistas, sobre todo por los lugares que no pasa el ferrocarril, como yo mismo pude comprobar.

Y es que Guadalupe realmente merece una visita. El monasterio me recordó involuntariamente a Montecassino y Montserrat. Cuando tras una estancia de día y medio me despedí del superior del monasterio, el padre Martín, que hablaba alemán, me obsequió con una réplica de plástico de la milagrosa. Me fui con la certeza de haber visto uno de los monasterios más interesantes e importantes de España. Desde entonces, la imagen que me regalaron adorna mi escritorio como recuerdo constante de mi visita a la Virgen de Guadalupe.

Capítulo VI Fahrt nach Portugal. Tagebuchblätter und Bilder einer Auto-Ferienreise

Rudolf Pestalozzi & Gerty Pestalozzi

Zürich: Fretz & Wasmuth Verlag AG, 1934

Introducción

Rudolf Pestalozzi nace el 10 de enero de 1881 en Elgg (Suiza) y es hijo de la conocida familia de ferreteros de Zúrich Pestalozzi. Una vez concluidos los estudios de germanística, se concentró en la que era su auténtica vocación y pasión, la fotografía. Sin embargo, su vida profesional discurriría a partir de 1905 por el mundo de los negocios, y más concretamente los de su propia familia. Estos no le impidieron proseguir con su afición, y en su tiempo libre, de manera especial en sus viajes, nunca se separó de su Leica. De esa suerte, logró llenar un número considerable de álbumes de fotografías. Pestalozzi muere en Zúrich el 7 de mayo de 1963.

En las páginas del relato de su paso por Extremadura confluyen dos características que lo singularizan. De un lado, una prosa ágil y sencilla, que seguramente le debe mucho a sus estudios de filología alemana; y por otra parte, una descripción extremadamente fiel y detallada con un tono entusiasta de los lugares que visita, los hombres y las mujeres con quienes se relaciona, así como los exquisitos platos de la gastronomía local que degusta con ellos. Todo ello tampoco es ajeno a su pasión por la fotografía, como tal vez tampoco lo sea la atención que presta a las tonalidades que adquiere la luz del firmamento extremeño a las diferentes horas del día. No presta demasiada atención ni a los monumentos ni a la historia de la región. De hecho, sobre estos aspectos su referencia se limita a un breve resumen de las guías turísticas al uso. Nos ahorra esa casi inevitable referencia al pasado, del que dan fe las impresionantes ruinas y monumentos. Lo que realmente le interesa y en lo que se detiene es en el paisaje y, sobre todo, el paisanaje de esa tierra. Con aprecio, respeto y una sensibilidad especial por lo popular, la imagen que recoge es la de la dignidad, la espontaneidad y la naturalidad del pueblo sencillo y el entorno en que vive, pues en ningún momento le supone un punto de distanciamiento o incomodidad el hecho de codearse con aquellos de inferior clase social o distinto nivel cultural ni alojarse en establecimientos hoteleros de baja calidad; e incluso ante ese otro tópico de los relatos de viaje como es el contratiempo (Ortega Román 2006: 216) que le provoca la avería del automóvil no pierde la serenidad, mientras sabe sacar lo positivo de lo negativo. El marco de este fragmento es el del presente, pues se concentra en la Extremadura de las primeras décadas del siglo XX, que es la que él y su familia están recorriendo. Una Extremadura llena de fuertes contrastes y contradicciones, pero de la que él, como agudo observador de lo cotidiano, capta como nadie el estilo de vida: esa alma sencilla y acogedora que no deja indiferente a todo aquel que visita esta región.

Traducción

El pueblo al que finalmente llegamos –si es que se puede llamar así a estas dos filas de chozas de barro– se llama Alconchel, y por fin nos enteramos de que estamos a 80 kilómetros al sur de Badajoz. Debimos de equivocarnos ya en Évora y cruzar la frontera por una carretera que no está en el mapa. Llamémosla, de ahora en adelante, "carretera aventurera Pestalozzi"[17].

Es conmovedor que en Alconchel haya al menos una especie de posada en uno de esos callejones estrechos, una pequeña "Fonda Luisa" de una sola planta, en la que tenemos que compartir la única habitación pequeña con las moscas y las dos camas de los dueños; pero donde, a pesar de lo tarde que es, nos preparan una comida completa en el lavadero del patio trasero, a la que hasta el Sr. Escoffier habría tenido que dar una buena nota, empezando por las ancas de rana con tomate y cebolla y las pequeñas y crujientes chuletas de oveja con patatas fritas, la tortilla de huevos con jamón y peperoni con huevos revueltos solo cabe mencionarlos de pasada. En cualquier caso, nos gusta más que en muchos hoteles internacionales con el cartel oficial de ACS; y a la pregunta de la mesonera: "¿Ha gustado todo mucho mucho, verdad?[18]", realmente solo podemos responder "¡Ya lo creo, como no![19]".

---

17 N. del T.: En español en el original.
18 N. del T.: En español en el original.
19 N. del T.: En español en el original.

Del precio no queremos ni hablar, pues de lo contrario todo el Touring-Club suizo iría mañana a Alconchel.

Mientras llegamos, comemos y partimos de nuevo, todo el pueblo mira a nuestra habitación por las ventanas y a través de los barrotes de hierro.

Por cierto, esta parte del sur de Extremadura (que no estaría muy lejos de Sevilla) es paisajísticamente mucho más interesante de lo que uno se podría imaginar según las guías. Colinas amplias y onduladas, con inmensos campos de trigo y centeno, con encinas, ruinas de castillos y montañas lejanas. Rebaños de miles de ovejas merinas atraviesan prados y rastrojos a lo largo de la carretera. Sus pastores, seguidos de burros con menaje y utensilios de cocina, los llevan en largas etapas diarias hacia los pastizales aún más verdes y de abundantes hierbas de Castilla, antes de que el viento del sur haya agostado completamente estos pastos.

Por fin llegamos a Badajoz y al atardecer a Mérida. Sobre los restos de una muralla de arco de medio punto de un antiguo acueducto vuelven a posarse decenas de cigüeñas en sus nidos.

Conducimos al caer la tarde y nos adentramos en la noche. En realidad no deberíamos hacerlo, porque desde hace una hora algo pasa con el coche. El conducto de admisión debe estar obstruido, la gasolina no pasa bien, se produce una parada cada cien metros para después avanzar un poco más. La más mínima cuesta en la carretera se convierte en una montaña casi infranqueable. Es más que incómodo, resulta un poco desesperante. Ya está todo oscuro, y estamos lejos de Mérida. Aún faltan más de sesenta kilómetros para llegar a la próxima ciudad. Estamos en medio de esa soledad nocturna española. De vez en cuando una casa, una taberna iluminada en el camino, pero ¿de qué nos sirve? Simplemente tenemos que llegar a Cáceres.

La noche es maravillosamente hermosa. Pequeñas estrellas centelleantes se asoman en el apagado cielo violeta rojizo del anochecer. Ahora nos dirigimos hacia el norte. El olor de los prados es intenso y veraniego. No queremos inquietarnos más y a pesar de este desasosiego deseamos sentirnos a salvo bajo este cielo estrellado.

Y alcanzamos la meta fijada. Se hace tarde, pero llegamos a Cáceres y nos olvidamos en un sueño reparador de que tenemos un coche que ya no está en condiciones, y de que aún no estamos libres de nuestras preocupaciones para el día siguiente –y quién sabe si para todo el viaje de vuelta a casa–. Pero como dicen los españoles, "Mañana Dios dirá[20]".

Cáceres es a la luz del día una pequeña ciudad que merece la pena ver, con una plaza cuadrada y alargada con antiguas arcadas, bajo las que los ciudadanos varones mantienen su charla matutina frente a las cafeterías y hacen que les limpien los zapatos o los ponen sin limpiar encima de las sillas en las que alguien se tiene que sentar después, con callejuelas estrechas que suben y bajan, en las que aún se conservan antiguas fachadas de palacios, con agradables vistas de pequeños patios y jardines; con una catedral elevada y un castillo. Las niñas tienen que bajar al río para buscar agua y luego traerla de vuelta por la empinada ladera en cántaros grandes de formas extrañas que llevan sobre la cabeza. Es el día de la Ascensión y de todas partes vienen y van a la iglesia los padres y los hermanos con las niñas vestidas de blanco para la confirmación. Oímos a una de las hermanas mayores leerle la cartilla como es debido a un hermano pequeño por no guardar silencio en la iglesia. ¡Bien hecho!

Cáceres debe tener como mínimo un taller, por supuesto que en las afueras y bastante alejado de la ciudad, y un dueño de un taller que quizá no mucho, pero algo tiene que entender de coches enfermos. Se lleva nuestro coche para hacerle una cura a las ocho de la mañana y quiere tenerlo listo a las nueve. "¡Hombre!". "¡Hombre![21]". "¡Si lo consigues!". Gerty está sentada tranquilamente en un pequeño muro, escribe y lee, pero a mí la inquietud no me permite estar tan tranquilo. Como ya dijimos, es el día de la Ascensión y ese mismo día queríamos estar en Lagartera, en algún lugar de Toledo, donde todavía se llevan los trajes regionales en los días de fiesta. Pero Lagartera aún está lejos. ¿Llegaremos hoy? Ya hace un calor insoportable, se levanta una gran polvareda y desde los cuarteles cercanos retumban los sonidos soporíferos de los tamborileros practicando junto a otros músicos que tocan instrumentos de viento. Ni una cafetería, ni una taberna, ni una fuente, ni un vendedor de fruta a lo largo y ancho de ese entorno. Ya pasan de las nueve y cada vez se desmontan más piezas bajo el capó y el motor funciona cada vez con más anormalidad. La intranquilidad me lleva a subir una colina y volverla a bajar. Todavía no ha pasado nada. Son las diez. La sed es cada vez más grande. El trabajo se interrumpe, porque la esposa y los hijos del mecánico, provistos de ropa bonita y solemne,

---

20 N. del T.: En español en el original.
21 N. del T.: En español en el original.

salen de la iglesia con mantilla y misal y tienen que saludar al marido
y al padre con besos y largas descripciones de la celebración eclesial.
Es un cuadro bonito y agradable y solo cabe elogiar un testimonio tan
vivo del espíritu de familia. Pero nuestro coche, ¿y nuestro coche? Son
las diez y media. Recorro por quinta vez las humildes calles de los alrededores en busca de una naranja, un sorbo de café o de vino. Por fin,
una *Gazzosa*[22] en un pequeño quiosco, ¡una botella de gaseosa caliente!
¡Qué refresco! Y finalmente a las once se oye un sonido del taller, un
zumbido, un canto como el de un motor en buen estado y eficiente.
En efecto, ha salido bien, todo está arreglado. Podemos ir en coche
otra vez. Un tornillo estaba suelto, el carburador estaba atascado, pero
ahora podemos ir en coche otra vez.

Estamos en ruta, somos felices. Vamos a setenta, a ochenta, a noventa
por hora y muy contentos de poder hacerlo de nuevo. En un abrir y
cerrar de ojos nos ponemos en Trujillo, el lugar de nacimiento de Francisco Pizarro, el conquistador de Perú. Es una ciudad elevada y antigua
con una iglesia gótica y una Plaza Mayor redonda, alrededor de la cual
se encuentran hermosos palacios construidos por este conquistador del
Perú hacia el año 1500. Vuelve a ser día de mercado con un intenso ir
y venir de campesinos y campesinas, burros y pequeños carros de lona.
En un rincón de la plaza, un poco más atrás, descubro (con la Leica buscando motivos) una fonda[23], una posada medio abierta hacia la plaza,
medio establo para mulas y burros. La gente del mercado se sienta allí y
en mesas bajas de madera se come el pan que han traído y de la cocina
de la posada el "cocido[24]", una especie de *Minestra* española. También
nos divierte poder sentarnos aquí y no en el primer piso, ni en el buen
salón de atrás, donde nos quieren llevar, sino aquí mismo, en este lugar,
en este banco algo cojo, junto a estos campesinos y borriqueros, para
comer nuestro cocido con garbanzos y acelgas en este círculo familiar,
mientras los burros y las mulas pasan a nuestro lado desde el establo del
fondo hacia la plaza, dejando caer de vez en cuando algo pintoresco al
suelo. Con gestos elocuentes la gente le pregunta a Gerty por el número
de hijos que tiene. Y pronto nos hacemos tan familiares que el dueño
con su sombrero negro cordobés termina riéndose y colocando su brazo
en el hombro de Gerty: "Me voy con la Señora de Usted a Alemania[25]",

---

22 El autor confunde *gazossa* del italiano con gaseosa del español.
23 N. del T.: En español en el original.
24 N. del T.: En español en el original.
25 N. del T.: En español en el original.

lo que por supuesto no permito, porque no puedo a cambio quedarme en Trujillo con su vieja esposa.

Nos despedimos como amigos e intercambiamos nuestras tarjetas de visita:

Rudolf Pestalozzi, Hierros y Metales...

Martín Espada, Casa de Huéspedes...

El mercado se ha acabado y también nosotros tenemos que continuar. Toda la calle aún sigue concurrida durante algún tiempo con la gente del mercado montada en sus burros. Han hecho un recorrido en burro de hasta cinco horas para venir a Trujillo, tal vez solo por un pollo o algunos utensilios de cocina. A menudo, marido y mujer se sientan uno detrás del otro sobre el mismo animal. Una de estas parejas nos llama por el camino (nos deben de haber visto en Martín Espada) y quieren venir en coche con nosotros. Un conocido ya les llevará su "burro[26]" a casa. Por favor, por qué no. "Con mucho gusto[27]". Así que suben y aún puedo ver en el retrovisor el rostro moreno de la joven, riendo con sus dientes blancos, y como el viento arremolinaba su pelo mientras el coche avanzaba a toda velocidad. Tras más de una hora de viaje llegan a casa. La mujer corre hacia la casa y nos trae una peseta como recompensa. Nos cuesta lo suyo que se quede con la moneda. A cambio debe hacerse una foto con su marido y su hijo.

---

26 N. del T.: En español en el original.
27 N. del T.: En español en el original.

Capítulo VII Reisebilder aus Spanien und Portugal

Willy Andreas

München: Münchner Verlag, 1949

Introducción

Willy Andreas nace en Karlsruhe el 30 de octubre de 1884. Pertenece a una familia acomodada y dedicada a los negocios y la empresa. Andreas orienta su formación por los estudios de Historia, Economía y Filología Alemana, en las universidades de Grenoble, Múnich, Berlín y Heidelberg. En esta última cursa y consigue su doctorado. Tras un periplo docente por varias universidades alemanas, gana la Cátedra de Historia en la Universidad de Heidelberg, de la que llegará a ser rector. Aunque nunca se afilió al partido nacionalsocialista ni compartió su ideología racista, por su talante conservador y por su probable identificación con algunos de los postulados del nazismo se vio obligado a dejar la cátedra cuando las fuerzas de ocupación estadounidenses entran en Alemania. Sin embargo, posteriormente acabaría ejerciendo su docencia en la Universidad de Friburgo. Willy Andreas muere en Litzelstetten (Konstanz) el 10 de julio de 1967.

Revela Andreas (1949: 9) en su prólogo que el motivo de este viaje a España se debe a la invitación del Instituto Diego Velázquez del CSIC de Madrid, para dictar una conferencia sobre la cultura en la Baja Edad Media y su relación con el Renacimiento. Todo ello ocurre, según el autor, en un momento histórico en el que salir de Alemania y acceder a publicaciones extranjeras suponía una tarea muy complicada. Más allá de todo ello, confiesa que el proceso de adaptación al volver a su país le resultó difícil, sobre todo por los habituales días grises que le deprimían y la tensión que se respiraba en el ambiente.

En el breve texto que escribe sobre Extremadura proyecta Andreas una serie de observaciones que demuestran que es un buen conocedor de la importancia que el ganado porcino y sobre todo, el ovino, tienen en la economía extremeña. Es totalmente consciente de las bondades de la lana de la oveja merina y del jamón ibérico que produce el porcino alimentado en las dehesas extremeñas. La elección de estos dos productos no es baladí, ya que en aquella dura época de la posguerra este tipo de ganado tenía un peso importante en la economía doméstica y regional, dato que un historiador y economista de su calibre no podía pasar por alto.

Traducción

Ahora sobrevolamos Extremadura. En realidad, deberíamos ver trotar por ahí abajo a ovejas merinas, cuya fina lana es tan apreciada en todas partes, porque aquí están en su hogar. Pero ningún rebaño se deja ver. Los animales se comportan de forma contraria a lo que se describe en los libros de viajes. En esta zona también hay olivares extensos y, a su vez, monótonos e impresionantes, además de bastantes viñedos. Aquí y allá en las laderas de las montañas se encuentran bosques de encinas. Así pues, es aquí por donde vagan los cerdos que producen el mejor y el más reconocido jamón de España. Ellos también parecen ignorar a Baedeker[28], pues brillan por su ausencia. Se aprecia que esta tierra no está muy poblada. Escasas son las ciudades grandes. Entre las más pequeñas, cuyos muros grises se remontan a la Edad Media, algunas se funden con las colinas y como una fortaleza son coronadas por un castillo o una iglesia. Por último, rozamos el extremo noroccidental de la alargada Sierra de San Pedro, cuenca de dos ríos, el Tajo y el Guadiana, que no puede competir con la braveza de las otras grandes cordilleras.

---

28 Saga de editores muy conocidos por sus guías turísticas. Ver nota más arriba.

Capítulo VIII 15mal Spanien

Eberhard Horst

München: R. Piper & Co. Verlag, 1973

Introducción

Eberhard Horst nació el 1 de febrero de 1924 en Düsseldorf. Tras completar los estudios primarios se graduó de la escuela secundaria en un campo de concentración francés (Le Coudray) en 1947. Posteriormente, su formación fue tan exquisita como esmerada: estudió Filosofía, Germanística y Teología en Bonn y Múnich, y en 1956 se doctoró con una tesis sobre la obra de Elisabeth Langgässer.

En los comienzos de su carrera literaria destacan la literatura de viajes y la crítica literaria. Sin embargo, su primer éxito literario no llegaría hasta 1975 con el ensayo histórico *Friedrich, der Staufer* (1975). A partir de entonces, se especializará en obras de temas históricos, entre los que destacan la biografía como la de *Caesar* (1989) o *Konstantin der Grosse* (1984). En 1987 recibe el prestigioso Premio Tukan de Múnich por su labor literaria y desde 1994 es miembro de la Academia Europea de las Ciencias y las Artes. Eberhard Horst muere el 15 de febrero de 2012 en Gröbenzell, cerca de Múnich.

Aunque la formación de este viajero es eminentemente literaria, filosófica y teológica, y a pesar de que las circunstancias le obligan a retrasar sus estudios de secundaria hasta su cautiverio en Francia al acabar la guerra, sus observaciones sobre el estado actual de Extremadura, su pasado y su patrimonio artístico son muy valiosas. También son muy interesantes los comentarios que hace sobre otros aspectos, como la economía, las desigualdades sociales o el éxodo de los jóvenes a otras tierras en busca de un futuro que no hallarán en su tierra. Para empezar está familiarizado con los planes y proyectos de regadío estatales que transforman grandes superficies de secano en terrenos fértiles y, por lo tanto, cultivables. Pero a la vez que describe estos ambiciosos proyectos de regadío y la transformación económica que suponen, hace hincapié en el hecho de que la distribución de la tierra apenas incide en la economía de las clases menos favorecidas de Extremadura, que son la inmensa mayoría de la población. Estos son los auténticos protagonistas de su relato, ya que los beneficios de estos proyectos se los reparte la oligarquía latifundista de esta región. No se detienen ahí, por supuesto, las páginas extremeñas de su libro, ya que Horst también elabora una minuciosa guía de la historia y los tesoros de los monasterios de Guadalupe y Yuste, además de realizar un recorrido muy atractivo por las ciudades de Mérida, Badajoz y Cáceres que le parecen encomiables. Con respecto a estas últimas, insiste en el contraste entre el contexto urbano, que es bastante similar a las demás ciudades españolas, y el medio rural, cuya pobreza y rusticidad alcanzan cotas inconmensurables en algunas partes de esa orografía tan abrupta y desordenada de la comarca de Las Hurdes. En cuanto a la presentación que hace de las riquezas y obras de arte del Monasterio de Guadalupe, va precedida de una reflexión que reafirma la pobreza que ve y denuncia en esta tierra. Dice literalmente: "Cuanto mayor es la pobreza, cuanto más inalcanzables son los bienes terrenales, más crece la necesidad de proveer de esplendor y riqueza a un lugar santo, un lugar de gracia. Debe brillar, ser un reflejo de la promesa eterna". Exista o no el toque de ironía a que pudieran prestarse estas palabras, lo cierto es que en ellas se constata de nuevo una preferencia manifiesta del autor por los más humildes; de un modo que se compadece con lo que hace en su investigación literaria al defender nada menos que la causa de los judíos. En todo caso, todo ello no empece su detallada enumeración de las joyas y demás tesoros que guarda el santuario. Precisamente, uno de los elementos que caracterizan y añaden vigor a sus textos, potenciando la información, es el uso de cifras. En este caso se refiere, por citar un par de ejemplos, al "millar de preciosos vestidos bordados en oro y plata" que se donaron a la Virgen de Guadalupe y a las "ciento veinte lámparas de oro y plata" que estaban encendidas frente a su imagen; en otros, a la dimensión de Extremadura (41 600 kilómetros cuadrados) y a la población de Mérida (40 000 habitantes) y Cáceres (55 000 habitantes). El resultado de este pragmatismo es una descripción muy precisa y detallada de la realidad de esta tierra durante aquellos años.

Traducción

EXTREMADURA

Estremadura, en español Extremadura, la tierra "extrema" situada en el extremo oeste, siempre ha sido una región limítrofe, tanto en el pasado como en la actualidad, entendido esto en el sentido literal y figurado. La región limita en la parte occidental con Portugal. En comparación con las regiones españolas colindantes, Andalucía al sur, Castilla al este y León al norte, Estremadura parece destinada a una existencia peculiar, solitaria y decadente. La región, con las dos provincias de Badajoz y Cáceres, abarca una superficie de 41 600 kilómetros cuadrados y es tan grande como Suiza, pero muy poco poblada, con 29 personas por kilómetro cuadrado (Suiza cuenta con 148 habitantes por kilómetro cuadrado). Probablemente, fue el deficiente atractivo económico y político lo que condujo a los gobernantes al desinterés, lo cual dejó la región en la pobreza y el desamparo. Tampoco los turistas visitan Extremadura, por su extrema ubicación y porque atraen otros destinos que merecen más la pena en España, a no ser que se trate de viajeros que estén de paso en la carretera nacional N V, que va de Madrid a Portugal y pasa por Mérida y Badajoz.

No obstante, el ejemplo más llamativo de abandono y retraso es la tan citada comarca de Las Hurdes en el pie de la parte sur de la Sierra de Gata. La población de este terreno montañoso completamente aislado, gris y salvaje, aún vivía a mediados de nuestro siglo XX en un nivel primitivo para la que incluso la denominación de medieval resultaría un eufemismo. Durante siglos persistieron en las cabañas de color gris pizarra condiciones de vida miserables, ajenas a la civilización humana, analfabetismo, superstición y tratamientos de enfermedades sin asistencia médica. El pan era desconocido para los aldeanos. Preferían comer raíces, bellotas, castañas, judías y coles. El célebre cineasta español Luis Buñuel llamó la atención sobre Las Hurdes en 1932 con un estremecedor documental. Varios estudios médicos y sociológicos, así como organizaciones humanitarias, se interesaron por los habitantes. Y las condiciones de vida, dependientes de la pobreza del suelo y de una tradición muy arraigada, mejoraron escasamente. Los más jóvenes abandonan los pueblos. Solo quedan los ancianos, incapaces de adaptarse a nuevas condiciones de vida. Las Hurdes están condenadas a muerte. En el informe documental "Las Hurdes, Clamor de Piedras", publicado en Madrid en 1972, José Antonio Pérez Mateos escribió: "En Las Hurdes anochece antes de tiempo; la noche llega pronto y durará mucho".

La naturaleza de Extremadura está formada por montañas de mediana altitud y amplias y variadas mesetas, atravesadas por las vegas de los ríos Guadiana y Tajo que se dirigen hacia el oeste. Una tierra seca y solitaria, cubierta de bosques de robles bajos y nudosos hasta las laderas de las montañas. Las bellotas se utilizan para cebar a los cerdos. De vez en cuando se ven cerca de los pueblos pastores con piaras de cerdos pequeños, por lo general negruzcos, que se mantienen en movimiento y dan un jamón muy cotizado en España. A finales de otoño los rebaños de ovejas merinas de lana fina se desplazan por los pastos pedregosos, cambiando de pastizal. Quien conduzca por esta meseta desértica, por estrechas carreteras, pero bien pavimentadas, siente el encuentro con este ganado trashumante, custodiado por perros de pelaje hirsuto, como un inesperado placer excitante.

En los valles proliferan olivos, almendros, higueras y la vid. Cerca de Cáceres y sobre todo en las llanuras del Guadiana, tras la regulación del río y la instalación de embalses, por medio de los cuales se pudieron crear tierras de regadío, se cultivan cereales, legumbres, algodón y arroz. Desde 1952 el gobierno lleva a cabo el laborioso "Plan de Mejora de las Estructuras Agrícolas, la Industria y el Suministro de Electricidad en la Zona de Fomento del Guadiana de la Provincia de Badajoz". Todavía en 1960 la renta per cápita anual en Extremadura ascendía a 600 marcos con una distribución muy poco equitativa de salario y propiedad. Solo seis familias eran propietarias de la mayor parte de las tierras cultivables. A todo ello hay que añadir que la región más pobre de España formaba parte, por un lado, de las regiones secas de menor rendimiento y, por otro, estaba asolada por inundaciones periódicas en las vegas del Guadiana. El Plan Badajoz como acción de reforma y ayuda perseguía dos objetivos: la adquisición de tierras cultivables mediante el embalse y la regulación del Guadiana, así como la mejora de las condiciones sociales por medio de la redistribución de la propiedad de la tierra. (Véase "Problemas de la agricultura").

Hoy en día la región ha cambiado en el valle del Guadiana, por ejemplo en la ruta de Mérida a Badajoz. El Plan Badajoz tuvo éxito en la obtención de más tierras de cultivo. Menos exitosa fue la reforma de las condiciones sociales. A pesar de la redistribución parcial de las tierras, el 61 % de las nuevas tierras de regadío aún se encuentran en manos de los antiguos latifundistas. Por el contrario, se consideran demasiado pequeñas las parcelas asignadas, de cuatro hectáreas por término medio, a los nuevos colonos. Sin embargo, no hay que olvidar que aquí, en una región descuidada durante siglos, se llevó a cabo un primer planteamiento sobre la reforma. Pequeños pasos para salir de un estancamiento económico y social ya son mucho para las condiciones de vida de una región que, como ninguna otra, fue abandonada a su suerte y quedó en un callejón sin salida.

Hay que remontarse muy atrás para cerciorarse de que el estado actual de la región no es una cuestión innata. En la época romana Extremadura pertenecía a la provincia de Lusitania. Las ciudades actuales de Mérida, Badajoz y Cáceres fueron centros de una vida económica, comercial y cultural muy fructífera y brillante. Aún hoy es Mérida la ciudad con más construcciones romanas de España. Badajoz, en árabe *Batalyoz*, fue la capital de un pequeño reino moro en el siglo XI. En la actualidad ambas son tranquilas ciudades de provincia que viven de un pasado muy remoto y que con un considerable retraso ponen algo de empeño para encontrar el enlace con el presente.

Dos monasterios: Guadalupe y Yuste

Cuanto mayor es la pobreza, cuanto más inalcanzables son los bienes terrenales, más crece la necesidad de proveer de esplendor y riqueza a un lugar santo, un lugar de gracia. Debe brillar, ser un reflejo de la promesa eterna. Desde este punto de vista, también es comprensible que el monasterio de peregrinación de Guadalupe, en el solitario y árido entorno montañoso de la Sierra de Guadalupe, se convirtiera en un tesoro desde el siglo XIV al XVII. Más de un millar de preciosos vestidos bordados en oro y plata y cubiertos de joyas fueron donados a la Virgen de Guadalupe. Frente a su imagen siempre estaban encendidas ciento veinte lámparas de oro y plata. Los descubridores y conquistadores del Nuevo Mundo, que como Cortés y Pizarro, y como sus tripulaciones y las de Colón procedían de Extremadura, llevaron parte de sus tesoros tomados como botín a la Virgen de Guadalupe. Los dos primeros indios que Colón trajo a España recibieron el bautismo aquí. Colón dio el nombre de Guadalupe a una de las islas de las Antillas que descubrió. Los Reyes Católicos veneraban a la Virgen y le hacían regalos. Don Juan de Austria donó el farol de popa del buque insignia de Alí Pachá tomado como botín en la batalla de Lepanto. Durante siglos Guadalupe fue con Santiago de Compostela el lugar de peregrinación más visitado y rico de España.

La imagen milagrosa de la Virgen, una estatua de roble con el rostro oscuro y una altura de apenas noventa centímetros, fue descubierta por un pastor a finales del siglo XIII. Los monjes cuentan que procede del taller de san Lucas y que fue enviada desde Roma a España como regalo papal. Pero es más probable que su origen se remonte al siglo XII. A partir de 1340 el rey Alfonso XI mandó construir el monasterio en el lugar donde el pastor desenterró la imagen y a finales de siglo fue asumido y ampliado por los monjes jerónimos. El gran pintor de los monjes, Zurbarán, también extremeño como los conquistadores, pintó retratos de los ascéticos jerónimos en 1638 y 1639. Guadalupe conserva ocho de los cuadros de monjes más hermosos de Zurbarán que supo tratar el color blanco como nadie.

De lejos el complejo del monasterio recuerda más bien a un castillo medieval, con torres cuadradas y poderosos muros no enlucidos. Descuella sobre un pequeño pueblo en el que el tiempo parece haberse detenido. Justo en la plaza, donde una antigua fuente con su agua cristalina sirve de refresco a todo el que llega, una amplia escalinata conduce al monasterio. Uno apenas se puede imaginar que tras las murallas fortificadas se encuentran estancias barrocas lujosamente decoradas, como el Camarín, la capilla de la Virgen, o un hermoso claustro de dos plantas con arcos de herradura mudéjares de principios del siglo XV.

Después de que el monasterio fuera saqueado durante las guerras napoleónicas y clausurado, usado para fines extraños y abandonado a su suerte en 1835, solo se conservó una pequeña parte de los antiguos tesoros. No fue hasta 1908 cuando los monjes franciscanos pudieron volver a instalarse en Guadalupe y renovar el monasterio. Sigue siendo un tesoro y un lugar de peregrinación muy visitado. El huésped que pasa la noche en el monasterio participa en las comidas monásticas y bebe el vino tinto de los monjes, no recibe ninguna cuenta, sino que, según la antigua costumbre, se le pide amablemente que pague lo que estime conveniente.

El segundo monasterio famoso de Extremadura, San Jerónimo de Yuste, situado en la falda sur de la sierra de Gredos, cerca de Jarandilla, también acogió jerónimos. Fundado en 1408, también fue saqueado como el de Guadalupe por las tropas napoleónicas, y recientemente restaurado. Pero al lado de Guadalupe, Yuste parece modesto, un lugar tranquilo entre la sierra y la apreciable comarca de La Vera. Rodeado de bosque, no es una cámara del tesoro ni un lugar de peregrinación que atraiga a los fieles. Yuste debe su fama solamente a un único hombre que durante dieciocho meses vivió y murió aquí, el emperador Carlos V. El emperador, en cuyo imperio nunca se ponía el sol, se había retirado aquí en febrero de 1557, un hombre de cincuenta y seis años envejecido prematuramente y cansado de los negocios mundanos.

El propio emperador mandó construir el pequeño palacio junto a la iglesia, con una rampa de piedra por la que podía subir a caballo. Esperó muy impaciente en el Castillo de Jarandilla. ¿Un lugar apartado del mundo? ¿Un emperador asceta que vive con monjes? Es, por supuesto, una imagen engañosa. La biblioteca tenía principalmente devocionarios. Pero Carlos no se privaba de nada. Era de paladar exquisito y, a pesar del enfado de su médico, ordenaba traer de muy lejos los manjares de su mesa que incluían ostras, pasteles de anguilas y vino del Rin. Le servía una servidumbre de sesenta personas. Disponía de músico y relojero, pues le gustaba entretenerse con la mecánica de los relojes. Cerca de él, en el pueblo de Cuacos, se crio su hijo ilegítimo Jerónimo, cuya madre era Bárbara Blomberg, que recibió honores como Juan de Austria tras la muerte del emperador. La actividad en Yuste era muy agitada. Los mensajeros iban y venían, traían y llevaban noticias, puesto que Carlos daba consejos, exigía información, se inmiscuía en los asuntos de Estado y hasta el día de su muerte siguió con preocupación el avance de la herejía y el estado precario de las finanzas estatales. Dieciocho meses de vida retirada, pero en absoluto monacal. Tal vez los monjes de Yuste respiraron hondamente, cuando el emperador moribundo pronunció sus últimas palabras: "Ya es tiempo".

Lo que ha quedado son más bien recuerdos escasos: un par de libros; algunos relojes; algunos muebles oscuros; el sillón forrado de cuero de Carlos; en la iglesia del monasterio, la copia de la "Gloria", el cuadro un tanto sobrecargado de Tiziano traído y venerado por Carlos (cuyo original se encuentra en el Prado); y el féretro oscuro de roble en el que descansó el cuerpo del emperador hasta que fue trasladado a El Escorial en 1574. El silencio y la pureza ambiental han vuelto a este retirado lugar en un paisaje primaveral, rodeado de jardines, setos y árboles, con amplias vistas del terreno montañoso. Rara vez vienen visitantes extranjeros.

Mérida

Si Mérida no estuviera situada en Extremadura, lejos de las habituales rutas de viaje, la ciudad sería desde hace tiempo uno de los destinos turísticos preferidos. Mérida conserva testimonios de la época romana como ninguna otra ciudad española. Esta ciudad, fundada por los romanos y situada en la cima plana de la colina de la orilla derecha del Guadiana, recibió el nombre de Emerita Augusta y se convirtió en la capital de la provincia de Lusitania. Fue considerada la ciudad más bella de la España romana. Un moro sostenía siglos más tarde que nadie podía enumerar con exactitud las maravillas de Mérida. Me parece que los habitantes apenas tienen en cuenta lo que un día se consideró un milagro y que está repartido por la ciudad y por las afueras, recordando el esplendor y la riqueza del pasado. Solo la administración de la ciudad espera que los monumentos dignos de ver puedan atraer a más turistas que antes. En el centro de la ciudad, el Ministerio de Turismo transformó un antiguo convento en un parador nacional.

Mérida es una ciudad rural con 40 000 habitantes, una de las ciudades más calurosas de España, un horno en pleno verano. En la Plaza de España, el centro del tráfico, rodeada de arcadas y llena de palmeras, aun vimos pasar caravanas de burros que iban cargados de corcho. El corcho, que se extrae de los alcornoques de Extremadura, se manufactura en la ciudad. Los habitantes viven principalmente de la agricultura de los alrededores y del transporte de los productos agrícolas, de la ganadería a gran escala y de la cría de cerdos. Mérida dispone de mataderos y plantas de procesamiento de carne ejemplares.

La Plaza de España o Plaza Mayor ocupa aproximadamente el lugar del foro romano. Muy cerca, detrás del Hotel Emperatriz, se encuentra el Museo Arqueológico, que sobre todo merece la pena ver por las esculturas y los bustos romanos, y las tallas visigodas de piedra. Unos pasos más allá, de camino al Parador, el Arco de Trajano de quince metros de altura aboveda la calle, que en la época romana probablemente estaba revestido de mármol.

El monumento arquitectónico más antiguo, construido, en el año 25 a. C., antes de la fundación de la ciudad, es el puente romano, cuyos 64 arcos cruzan el Guadiana con una longitud de 800 metros. En su sencilla construcción con sillares ensamblados sin argamasa, es un edificio realmente magnífico, en especial cuando se ve desde la isla en medio del río. Durante la mayor parte del año el Guadiana permanece bifurcado y el ganado vacuno, las ovejas y los pequeños cerdos de pelo negro pastan en la isla. El puente romano es bajo, de modo que desde la isla del río hay buenas vistas de las casas blancas y de color arcilla situadas poco más arriba y del castillo árabe del siglo IX, la alcazaba, que se encuentra a un lado de la cabecera del puente.

Unos amigos de Madrid nos habían hablado de las cigüeñas de Mérida. Las encontramos en lo alto de los muros arqueados en ruinas del acueducto romano llamado Los Milagros. De patas altas, las cigüeñas estaban en sus nidos e ignoraban las nubes de humo del ferrocarril, porque bajo los arcos los trenes van hacia el oeste, hacia Badajoz. Al este de Badajoz, también cerca de las vías del tren y de la carretera a Madrid, se encuentran los restos del circo romano, cuyo hipódromo tenía más de 400 metros de longitud. En el enorme circo ovalado cabía casi tanta gente como la que tiene Mérida en la actualidad. Hoy en día los niños juegan al fútbol en el césped.

De nuevo hacia el centro de la ciudad, el anfiteatro, calculado para unos 15 000 espectadores, y el teatro romano, para unos 6000 espectadores, se encuentran cerca el uno del otro. Sin embargo, con la excepción del teatro romano restaurado, los lugares antiguos se encuentran en un estado ruinoso y abandonado. Evidentemente, hasta hace poco el interés por los monumentos era mínimo o faltaban medios para su conservación. Solo el teatro romano con el semicírculo de ascendentes filas de asientos, la orquesta, la última fila de columnas de mármol con capiteles corintios y algunas estatuas romanas transmite una fuerte impresión del antiguo esplendor de la construcción.

Más reciente que el pasado romano es para los ciudadanos, especialmente para las niñas y las mujeres, el recuerdo de santa Eulalia, quien murió torturada con antorchas encendidas en el año 303. En el lugar de su martirio se levantó una capilla, para cuyo pórtico, situado en la calzada, se utilizaron los pilares del templo de Marte. "Hornito de Santa Eulalia[29]" es el nombre del lugar. Las mujeres y las niñas aún hoy en día se cortan un mechón de pelo y lo tiran por la reja de la capilla. Vimos pasar a hombres y mujeres que se persignaban o se detenían un momento para honrar a esta santa niña.

Badajoz

La carretera de Mérida a Badajoz pasa por encima del Guadiana y luego atraviesa la extensa y fértil vega del río, tierras de cultivo recién adquiridas por el Plan Badajoz con canales y sistemas de riego. Una vista inusual de Extremadura: campos de trigo y maíz, cultivos de algodón blanco brillante, campos de hortalizas, entre olivos y alcornoques. Badajoz, la capital de la provincia, se ha beneficiado más que Mérida de la ayuda estatal para el cultivo de la tierra y del crecimiento económico. Pero Badajoz ya había reemplazado a la Mérida romana en los siglos pasados y desde 1900 experimentó un aumento de la población por encima del doscientos por cien. Hoy en día, Badajoz triplica la población de Mérida. Badajoz gana importancia como centro económico y administrativo de la provincia, como sede episcopal, como ciudad

---

29 N. del T.: En español en el original.

fronteriza (la frontera portuguesa está situada a 6 kilómetros al oeste) y como nudo de comunicaciones.

Para Badajoz parece haber quedado obsoleto eso de que Extremadura es una región pobre y atrasada. La ciudad, con calles y casas limpias y bien cuidadas, con numerosos jardines y parques, da la impresión de prosperidad. Mientras que normalmente en Extremadura la división social convencional entre latifundistas y los que carecen de bienes, entre ricos y pobres, parece infranqueable, en Badajoz vive una clase media relativamente amplia. Se ve en la vida cotidiana, en la manera tan relajada y cordial en que los lugareños se dedican a sus negocios, en cómo se relacionan entre sí o con ellos, en cómo se visten y se mueven. La vida económica de la ciudad se concentra en el procesamiento industrial de los productos agrícolas y en el comercio, las hilanderías de algodón, las lavanderías de lana y las fábricas de conservas. Además, surgieron varias pequeñas empresas para abastecer a la provincia de bienes de consumo.

En la plaza de España, centro de la ciudad, se encuentra el Ayuntamiento y la Catedral de San Juan del siglo XIII, cuyas fachadas y ventanas fueron reconstruidas en el siglo XVI. Con su antigua torre maciza, cuadrada y con almenas, la casa de Dios se asemeja a una fortaleza. Como ciudad fronteriza Badajoz fue a menudo muy disputada y sus habitantes buscaban refugio en la robusta catedral. Del pintor pacense Luis de Morales (1510 a 1586), cuya estatua se encuentra en la plaza, se pueden ver cinco cuadros en la catedral. Pero Badajoz no es una ciudad artística y tampoco puede competir con sus monumentos con la Mérida romana.

Aunque la ciudad, como Mérida, fue construida por los romanos en una cresta a orillas del Guadiana, no se conservan restos romanos. De la época árabe proceden los restos de la alcazaba, rodeados de jardines, y las antiguas murallas de la ciudad con almenas y torres, incluida la hermosa Torre de Espantaperros de planta octogonal. Recuerdan que Badajoz (Batalyoz en árabe) tras la caída del Califato de Córdoba fue durante un breve período un reino independiente, cuyo último rey, un poeta, fue decapitado por los almohades frente a las puertas de la ciudad en el año 1094.

El antiguo puente, el Puente de las Palmas, cuyos treinta y dos arcos cruzan el Guadiana, fue construido durante el siglo XVI. Desde el otro lado del río, Badajoz tiene un aspecto parecido a Mérida con el puente arqueado de granito en primer plano. Pero a diferencia de Mérida,

Badajoz se muestra casi señorial, con árboles verdes, casas blancas impresionantes y torres que sobresalen de la ciudad escarpada.

Cáceres

En el trayecto a Cáceres el paisaje vuelve a tener el carácter típico de Extremadura, alternando entre la arrugada meseta árida y el terreno montañoso cárstico de escasa altitud. Los rebaños de ovejas migratorias pastan en su seco suelo. En muchos kilómetros los alcornoques achaparrados bordean la carretera poco transitada en un entorno despoblado. En Cáceres, como en Mérida, se procesa y se vende la corteza del corcho. Tras la Mérida romana, el Badajoz moderno, Cáceres sorprende a su manera. El casco antiguo, con sus sólidos palacios nobles de granito del siglo XVI y sus robustas torres familiares, ha mantenido el carácter de la Baja Edad Media, casi florentino desde algunos puntos de vista.

La historia de la ciudad, de fundación romana, es bélica. Su nombre deriva de los Alcázares árabes. Tres veces conquistaron los caballeros cristianos Cáceres, tres veces recuperaron los árabes la ciudad hasta que tras la cuarta conquista en 1229 se convirtió en cristiana. En los siglos siguientes se sucedieron las batallas entre la nobleza, de manera que los señores construyeron palacios robustos, provistos de torres de defensa. La reina Isabel, irritada por las incesantes batallas nobiliarias, mandó desmochar las torres de defensa en 1477. Solo salvó la Torre de las Cigüeñas y la casa de los Golfines de Abajo, porque sus señores se habían distinguido en la batalla contra los moros. Así, la mayoría de los palacios, que aquí se denominan Casas Solariegas, y las torres de defensa reconstruidas son del siglo XVI. Los emblemas de piedra de las fachadas son los escudos de los nobles que hicieron méritos en la reconquista de Granada y la conquista del Nuevo Mundo. El emblema del sol sobre un portal del rey azteca Moctezuma recuerda que un noble de la casa autóctona de los Toledo se casó con la hija de Moctezuma y adoptó el escudo. En Cáceres es obvio que casi exclusivamente los hombres de Extremadura fueron los responsables de la aventura de conquistar un Nuevo Mundo desconocido.

La Plaza Mayor está situada al noroeste del casco antiguo construido sobre una colina, ya fuera y justo delante de la antigua muralla con la Torre del Reloj, que contiene restos romanos y árabes. Es la Plaza Mayor más bonita y más grande de todas las ciudades de Extremadura como, además, la nueva ciudad, por ejemplo en torno a la avenida de España, que es sorprendentemente amplia. Cáceres, con 55 000 habitantes en la actualidad, es la capital y el centro económico de la provincia. Las plantas de procesamiento de productos agrícolas de los alrededores, la actividad comercial y, sobre todo, los grandes mercados (las ferias más importantes se celebran la última semana de mayo y a finales de septiembre) determinan la vida económica.

También fuera de los mercados festivos hay una gran actividad en la Plaza Mayor con tiendas y bares bajo los soportales de un lateral. Los visitantes extranjeros y españoles se sienten especialmente atraídos por el ambiente del casco antiguo de la Baja Edad Media. La mejor impresión la da el recorrido que sube desde la Plaza Mayor hasta el Arco de la Estrella y pasando por esta antigua puerta de la ciudad hasta la Catedral de Santa María la Mayor de estilo gótico tardío. En este corto trayecto y en los alrededores de la plaza de la catedral se apiñan viejos callejones y rincones, y se encuentran las más bellas Casas Solariegas amuralladas. Unos pasos más allá, en el punto más alto del casco antiguo, se encuentra la iglesia de San Mateo con su portada plateresca. Se construyó en el siglo XV en el emplazamiento de una mezquita. En las inmediaciones de San Mateo encontramos magníficos palacios, la más antigua y ya mencionada Torre de las Cigüeñas (como Mérida, Cáceres es una ciudad de cigüeñas) y la Casa de las Veletas, que hoy alberga el museo provincial. La Casa se construyó sobre las ruinas del Alcázar, del que aún se conserva el aljibe árabe con dieciséis arcos de herradura.

Parte de ese encanto característico de Cáceres, incluso en su parte medieval, es que no parece lo más mínimo una ciudad museo, sino extremadamente viva y actual. Sus animados y alegres habitantes hacen olvidar por un momento que Cáceres se encuentra en la remota región, económica y socialmente pobre de Extremadura. Pero Cáceres también incide en la diversidad del país y la intensidad de la vida, incluso dentro de las regiones y de una ciudad a otra.

Capítulo IX Spanien. Ein politisches Reisebuch

Roman Rhode, Brigitte Dudek u. a.

Hamburg: VSA – Verlag, 1985

Introducción

Roman Rhode ejerce como periodista, guía turístico y autor de libros de viajes. Estudió Filología Hispánica y Sociología en Berlín y Madrid. Entre sus publicaciones destacan una biografía política sobre Fidel Castro y una guía de viaje centrada en la capital cubana.

Tanto el enfoque como los contenidos de la obra de Rhode contrastan claramente con los de los libros de viajes o las guías turísticas convencionales. Se encuadra con pleno derecho en ese subgénero novedoso de los libros de viajes políticos. En efecto, pronto se distingue en la confección de sus textos una atención especial a situaciones o acontecimientos del país, la región o los pueblos y las ciudades directamente relacionados con el gobierno o el tipo de estado al que pertenecen. El público lector al que va dirigida esta modalidad de texto tampoco es, lógicamente, el de la literatura viajera de corte clásico o tradicional. Es por el contrario un destinatario para quien la política y la administración pública en general son un factor relevante en el contexto.

Por otro lado, Rhode también señala otras cuestiones tan recurrentes en Extremadura como son la incuria y la despoblación, aunque en contraposición a estos juicios de corte negativo alude a sus fértiles tierras y concluye maquillando la realidad cuando escribe que "casi no se aprecia la pobreza de la región".

Traducción

Extremadura

Extremadura es –en lo que afecta, por un lado, a la pobreza y, por otro, a la riqueza de los grandes terratenientes– como una Andalucía concentrada. La única riqueza de esta región, sus fértiles tierras, está en manos de una media docena de familias, dueña de enormes latifundios, junto a los miles de minifundios en los que los campesinos subsisten a duras penas. Y sin embargo, estos en algunos casos aun se encuentran en mejor situación que los trabajadores agrícolas que no disponen de recursos suficientes y cuyos puestos de trabajo son cada vez más precarios como consecuencia de la progresiva mecanización de la agricultura. Extremadura es el asilo del país y siempre se mantuvo en un estado de subdesarrollo por los conquistadores castellanos, contra los que los "Extremeños"[30] nunca se atrevieron a sublevarse a lo largo de su historia y que, de todos modos, difícilmente habrían podido superar por sí mismos por la falta de acceso al mar. Los "Extremeños"[31] no se rebelaron, sino que emigraron. En la actualidad, la región es un páramo casi desértico, pues en una superficie equivalente a la de Suiza habita apenas un millón de habitantes. Pero casi no se aprecia la pobreza de la región, ni en las casas de cal blanca, en ocasiones revestidas de azulejos, ni en los bosques de alcornoques, encinas y olivos ni en los viñedos y campos de girasoles. La sequía tan extrema sufrida entre los años 1980 y 1984 no hizo más que agravar los problemas de la región, a pesar de los embalses y sistemas de riego procedentes de los ríos Tajo y Guadiana. Mérida, ciudad ubicada en el centro de la región, fue elegida hace unos años como la capital de Extremadura. Hoy en día, Mérida es una pequeña ciudad de ensueño que bien merece una visita, pero que en su pasado romano ha conocido días mejores y de mayor esplendor. En Cáceres merece especialmente la pena el casco antiguo que está dentro de las murallas romanas.

---

30 N. del T.: En español en el original.
31 N. del T.: En español en el original.

Capítulo X Die Haut des Stiers. Ein Spanien-Porträt

Eberhard Horst

München/Leipzig: List, 1992

Introducción

Eberhard Horst, cuya nota biográfica aparece en el capítulo VIII, vuelve a publicar en 1992 un texto modificado de los viajes a los que corresponde el capítulo mencionado. Las diferencias entre ambos textos se centran fundamentalmente en la presentación y la forma de la redacción, si bien es cierto que la información que se facilita sobre las principales ciudades extremeñas en *Die Haut des Stiers* no es tan detallada ni tan pormenorizada como la que se muestra en *15mal Spanien*[32].

Traducción

Lo remoto, lo extremo: Extremadura

Colón había abierto la puerta del Nuevo Mundo. Sus sucesores, los conquistadores españoles de América Central y Suramérica, fueron guerreros, caballeros de fortuna y aventureros, colonizadores en busca de mejores oportunidades de vida, individuos fracasados y de mala reputación, e hijos de respetables familias nobles como los hermanos de Teresa de Ávila, de los que tres encontraron la muerte en la tierra de los incas. Resulta llamativo que un gran número de hombres que buscaron fortuna al otro lado del océano procedieran de regiones alejadas de la costa como Castilla y Extremadura.

Sobre todo los extremeños, acostumbrados a una vida dura y llena de privaciones, aceptaron el desafío del viaje por mar en las estrechas carabelas para beneficiarse de los tan comentados tesoros de las Indias Occidentales o de esas anheladas oportunidades de probar ventura y

---

32 Un claro ejemplo se encuentra en los detalles sobre la mártir santa Eulalia que desaparecen completamente en la publicación de 1992.

conseguir lucro. A estos pertenecían los líderes Hernán Cortés de Medellín, que sometió al Imperio azteca en México, y Francisco Pizarro, un porquerizo de Trujillo, que conquistó el Imperio inca en Perú y murió apuñalado en la cima de su poder por conspiradores en Lima. De Extremadura eran Vasco Núñez de Balboa, que con un puñado de hombres cruzó Panamá y descubrió el Pacífico, o Francisco de Orellana, procedente de Trujillo, el osado explorador del Amazonas. Solo la pequeña ciudad de Trujillo, cuyo nombre fue llevado a muchos lugares del Nuevo Mundo, como Medellín, Guadalupe y otros nombres autóctonos, contaba con 634 conquistadores.

Lo que menos los impulsó a salir fue el afán misionero y religioso, que Colón aún utilizaba como pretexto en su cuaderno de bitácora, sino más bien la pobreza y las necesidades de la vida en su propio país, además de un enorme espíritu aventurero. Extremadura fue y siguió siendo a todas luces la región "extrema" y remota más marginada. Limitando con Portugal al oeste, con León al norte, con Castilla al este y con Andalucía al sur, Extremadura parece destinada a una existencia peculiar, solitaria y miserable. A pesar de las ciudades de tan larga tradición como Mérida, Badajoz y Cáceres, y a pesar de la enorme mejora de las condiciones agrícolas en las vegas del río Guadiana entre Mérida y Badajoz, Extremadura seguía siendo la más pobre y socialmente la más atrasada de las regiones españolas.

En las vegas del Guadiana, río que fluye hacia el oeste, se formó una extensa tierra de cultivo bien irrigada y surgieron nuevas aldeas, de modo que la típica emigración de esta comarca disminuyó un poco. Aparte de las vegas del Guadiana y del río Tajo que fluye más al norte, montañas de mediana altitud y amplias mesetas muy variadas definen el carácter del paisaje. Es una tierra seca y solitaria, cubierta de alcornoques bajos y nudosos hasta las laderas de las montañas. Las bellotas se utilizan para cebar a los cerdos. De vez en cuando se ven cerca de los pueblos pastores con piaras de cerdos pequeños, por lo general negruzcos, que se mantienen en movimiento y dan un jamón sabroso muy codiciado.

A finales de otoño los rebaños de ovejas merinas de lana fina se desplazan por los pastos pedregosos, cambiando de pastizales. Quien conduzca por esta meseta desértica, por estrechas carreteras, pero bien pavimentadas, siente el encuentro con este ganado trashumante custodiado por perros de pelaje hirsuto como un placer excitante.

No es una región turística, en el mejor de los casos es para estar de paso y descansar en la ciudad fronteriza de Badajoz de camino a

Portugal y Lisboa. Pero es así como Extremadura ha mantenido un carácter diferencial y auténtico.

¿Quién sabe que Mérida fue considerada la ciudad más bella de la España romana y aún hoy en día es la ciudad española más rica en construcciones romanas? Mérida se fundó como asentamiento para romanos veteranos a cuyos méritos debía hacer referencia el nombre de la ciudad, Emérita Augusta. Los restos arquitectónicos recuerdan a la rica colonia, económica y culturalmente, que más tarde sería la capital de la provincia romana de Lusitania, a la que también pertenecía la actual Portugal: el puente romano de granito sobre el río Guadiana y el imponente acueducto, el teatro romano con sus hermosas columnas de mármol para seis mil espectadores, el anfiteatro colindante y un enorme circo con hipódromo para las carreras de caballos y carros que servía de entretenimiento a unos treinta mil espectadores, mucho más de la mitad de la población actual.

Unos amigos de Madrid nos habían hablado de las cigüeñas de Mérida. Las encontramos en lo alto de los muros arqueados en ruinas del acueducto romano llamado Los Milagros. De patas altas, las cigüeñas estaban en sus nidos e ignoraban las nubes de humo del ferrocarril, porque bajo los arcos los trenes van hacia el oeste y vienen de allí.

La carretera de Mérida a Badajoz pasa por encima del Guadiana y luego se dirige hacia el oeste por las fértiles y extensas vegas. Unas vistas inusuales de Extremadura: campos de trigo y maíz, cultivos de algodón blanco brillante, plantaciones de hortalizas y entremedio olivos y alcornoques.

Como Mérida, Badajoz está situada en una colina a orillas del Guadiana. Un antiguo puente de granito cruza el río, el Puente de las Palmas, sostenido por treinta y dos pilares arqueados. Pero el puente data de finales del siglo XV y, a diferencia de Mérida, Badajoz se muestra desde el otro lado del río casi señorial, rodeada de árboles verdes, una imagen urbana impresionante con casas vistosas, palacios y torres cuadradas que sobresalen de la ciudad escarpada.

Evidentemente, Badajoz, la capital de la provincia, se ha beneficiado de la ayuda estatal para el cultivo de la tierra y del crecimiento económico. Para Badajoz parece haber quedado obsoleto eso de que Extremadura es una región pobre y atrasada. La ciudad, con calles limpias y bien cuidadas, con numerosos jardines y parques, su herencia árabe, da la impresión de prosperidad. Mientras que normalmente en Extremadura la división social convencional entre latifundistas y los que carecen de bienes, entre pobres y ricos, parece infranqueable, en Badajoz vive una clase media relativamente amplia. Se ve en la vida cotidiana, en la manera tan relajada y cordial en que los lugareños se dedican a sus negocios, en cómo se relacionan entre ellos o con los desconocidos, en cómo se visten y se mueven.

En la plaza de España, centro de la ciudad, se encuentra el Ayuntamiento y la Catedral de San Juan del siglo XIII, cuyas fachadas y ventanas fueron reconstruidas en el siglo XVI. Con su sólida torre antigua, cuadrada y con almenas, la basílica se asemeja a una fortaleza. Como ciudad fronteriza Badajoz fue a menudo muy disputada y sus habitantes buscaban refugio en la robusta catedral. En la catedral se pueden contemplar varios cuadros del pintor pacense Luis de Morales. Frente al Palacio Municipal clasicista se levanta una estatua dedicada al manierista llamado "el Divino" por sus extáticas pinturas religiosas.

Badajoz no es una ciudad artística y tampoco puede competir con sus monumentos con la Mérida romana. Pero Badajoz fue tras la caída del Califato un pequeño reino independiente, a veces una especie de corte de las musas, llamada *Batalvoz* en árabe. De esta época, del siglo XI hasta principios del XIII, proceden los restos de la alcazaba, donde residían los reyes árabes, y de las antiguas murallas de la ciudad con almenas y torres, entre estas la singular Torre de Espantaperros, de planta octogonal y con almenas almohades.

También el nombre de Cáceres, la segunda capital de provincia de Extremadura, es de origen árabe y deriva de *Qazris* o *Al-Cazires* (Alcázares). Pero a pesar de la muralla defensiva almohade, conservada casi en su totalidad, con doce de las antiguas treinta torres, Cáceres sorprende de una manera completamente diferente e independiente, retirada de la Mérida romana así como del Badajoz moderno. No se puede dar crédito a los propios ojos al encontrar aquí bien conservados, en la Extremadura remota, uno de los paisajes históricos urbanos más interesantes de España: una casco antiguo con sólidos palacios nobiliarios de granito de finales del siglo XV y del siglo XVI y robustas torres familiares de la Baja Edad Media, de aspecto casi florentino desde algunos puntos de vista.

Aún más sorprendente resulta el descubrimiento cuando desde el sur, llegando de Mérida o Badajoz, se recorren zonas solitarias con el típico carácter extremeño. El paisaje alterna entre la arrugada meseta árida y el terreno montañoso cárstico de escasa altitud. Los rebaños de ovejas migratorias pastan en el suelo seco. En muchos kilómetros los alcornoques achaparrados bordean la carretera poco transitada en un entorno despoblado. En Cáceres, como en Mérida, se procesa y se vende el corcho.

La historia de la ciudad, de fundación romana, es bélica, lo que ya indica el nombre de *Al-Cazires*. Tres veces conquistaron los caballeros cristianos Cáceres y tres veces recuperaron los árabes la ciudad, hasta que tras la cuarta conquista en 1229 se convirtió en cristiana. En los siglos siguientes se sucedieron las batallas entre la nobleza, de manera que los señores construyeron palacios robustos, provistos de torres de defensa. La reina Isabel, irritada por las batallas nobiliarias o por intereses propios de poder, mandó desmochar las torres de defensa en 1477. Solo salvó la Torre de las Cigüeñas y la de la Casa de los Golfines de Abajo, porque sus señores se habían distinguido en la lucha contra los moros. Así, la mayoría de los palacios, las Casas Solariegas y las torres de defensa reconstruidas tras la muerte de la reina son del siglo XVI.

Los nobles que se enriquecieron en el Nuevo Mundo, en México, Perú, en las Indias Occidentales, disponían de suficiente oro para demostrar tras su regreso poder y riqueza con sus construcciones. El Palacio Toledo-Moctezuma, en el interior del recinto de murallas que rodea el casco antiguo, recuerda que el padre del constructor, como conquistador y acompañante de Hernán Cortés, se casó con una hija del rey azteca Moctezuma. Ya fuera del casco antiguo, cerca de la Plaza Mayor, se encuentra el Palacio de Godoy, que el conquistador Godoy mandó construir con oro peruano, con un balcón de esquina, elemento típico de alguna que otra torre local.

La Plaza Mayor con la sólida Torre de Bujaco, la antigua torre del reloj, está situada directamente delante de la muralla y de la entrada al casco antiguo. Aún es la Plaza Mayor más bonita y más grande de todas las ciudades de Extremadura como también la nueva ciudad que es sorprendentemente amplia. Fuera de los mercados festivos de finales de mayo y finales de septiembre, también hay una gran actividad en la Plaza Mayor con sus tiendas y bares bajo los soportales.

Pero a nosotros, como a los visitantes españoles, nos atrae el casco antiguo, el Barrio Monumental[33]. En el recorrido que pasa por el Arco de la Estrella hacia la Catedral de Santa María la Mayor, de estilo gótico tardío, y más hacia arriba por los viejos callejones hasta la iglesia de San Mateo, con su portada plateresca, uno se siente trasladado a la Baja Edad Media. Aquí nos encontramos con las Casas Solariegas

---

33 N. del T.: En español en el original.

amuralladas más impresionantes, decoradas con escudos de piedra, la noble Casa de los Golfines, donde Fernando e Isabel residieron en reiteradas ocasiones, o cerca de San Mateo, la Casa de las Cigüeñas, que nos recuerdan a las cigüeñas que les gusta posarse tanto aquí como en Mérida.

En las inmediaciones de San Mateo se encuentra la Casa de las Veletas, que hoy en día alberga el Museo Arqueológico Provincial. El edificio se construyó sobre los cimientos del antiguo Alcázar árabe y cuenta con un atractivo especial, la cisterna árabe que se conserva, un aljibe[34], cuyas cinco naves con cubiertas de medio cañón descansan sobre columnas de granito con arcos de herradura.

Parte de ese encanto característico de Cáceres, incluyendo el conjunto de la Baja Edad Media, no parece lo más mínimo una ciudad museo, sino extremadamente viva y actual. Cáceres, comparada con Mérida y Badajoz, demuestra una vez más cómo, incluso en la región remota y económicamente desfavorecida de Extremadura, la intensidad y la diversidad de estilos de vida buscan su expresión, y cómo cada una de las tres ciudades encuentra su inconfundible individualidad.

Ni Cáceres, ni Trujillo con su belicosa estatua ecuestre de Pizarro y sus casas nobiliarias de conquistadores, ni ningún otro lugar español, ni tampoco Sevilla, sede de la administración de las Indias Occidentales, consiguió tener una relación más cercana con el Nuevo Mundo que Guadalupe. La pequeña ciudad de montaña se encuentra sola al pie de la Sierra de Guadalupe, al oeste de Cáceres, y solo se puede acceder a ella por Trujillo, tras un viaje agotador por estrechas y sinuosas carreteras de montaña. Resulta aún más sorprendente que casi todo conquistador conocido subiera, para pedir aquí en el lugar de peregrinación de la iglesia del monasterio de los jerónimos la bendición de Santa María, Nuestra Señora de Guadalupe.

Colón subió peregrinando con sus hombres. Los dos primeros indios que trajo a España recibieron el bautismo aquí. Dio el nombre de Guadalupe a una de las islas antillanas que descubrió y solo en México este nombre se encuentra diez veces. Hernán Cortés dedicó el mayor santuario mariano de México a nuestra querida Señora de Guadalupe. Aquellos conquistadores que volvían ricos, donaban parte de su botín a la Virgen.

Oro y plata, una riqueza inimaginable se reunió en torno a la Señora de Guadalupe, y el monasterio de peregrinación en el corazón de la

---

34 N. del T.: En español en el original.

región más pobre de España se convirtió en una cámara del tesoro. Cuanto mayor es la pobreza, cuanto más inalcanzables son los bienes terrenales, más parece crecer la necesidad de proveer de esplendor y riqueza a un lugar santo y de gracia. Debe brillar y ser un reflejo de la promesa eterna.

Durante siglos Guadalupe fue con Santiago de Compostela el lugar de peregrinación más visitado y rico de España. Más de un millar de preciosos vestidos bordados en oro y plata y cubiertos de joyas fueron donados a la Virgen de Guadalupe. Los Reyes Católicos veneraban a la milagrosa virgen negra y le hacían regalos. Don Juan de Austria le llevó a la Virgen el farol de popa del buque insignia de Alí Pachá, tomado como botín en la batalla de Lepanto. Aún en el siglo XVIII, ciento veinte lámparas de plata y oro estaban siempre encendidas frente a la imagen de la venerada Señora. Y cada día miles de peregrinos recibían aquí la comida gratuita.

La imagen milagrosa de la Señora o la Virgen, una estatua de roble con el rostro oscuro y una altura de apenas noventa centímetros, fue descubierta por un pastor a finales del siglo XIII. Los monjes cuentan que procede del taller de san Lucas y que fue enviada a España como regalo papal. Pero es más probable que su origen se remonte al siglo XII. El rey Alfonso XI mandó construir el monasterio en el lugar del hallazgo a partir de 1340, que fue asumido y ampliado por los monjes jerónimos. El gran pintor de los monjes, Zurbarán, también extremeño, pintó retratos de los ascéticos jerónimos en 1638 y 1639. Guadalupe conserva ocho de los cuadros de monjes más hermosos de Zurbarán que supo tratar el color blanco como nadie.

De lejos el complejo del monasterio recuerda a un castillo medieval, con torres cuadradas y poderosos muros no enlucidos. Descuella sobre un pequeño pueblo en el que el tiempo parece haberse detenido. En la plaza, donde una antigua fuente con su agua sirve de refresco a todo el que llega, una amplia escalinata conduce al monasterio. Uno apenas se puede imaginar que tras las murallas fortificadas se encuentran estancias barrocas lujosamente decoradas, como el Camarín, la capilla de la Señora[35], o el hermoso claustro de dos plantas con arcos de herradura mudéjares.

Después de que el monasterio fuera saqueado durante las guerras napoleónicas y clausurado, usado para fines extraños y abandonado a

---

35 N. del T.: En español en el original.

su suerte en 1835, solo se conservó una pequeña parte de los antiguos tesoros. No fue hasta 1908 cuando los monjes franciscanos pudieron volver a instalarse en Guadalupe y renovar el monasterio. Sigue siendo un tesoro y un lugar de peregrinación muy concurrido. El huésped que pasa la noche en el monasterio, participa en las comidas monásticas y bebe el vino tinto de los monjes, no recibe ninguna cuenta, sino que, según la antigua costumbre, se le pide amablemente que pague lo que estime conveniente.

El segundo monasterio famoso de Extremadura, San Jerónimo de Yuste, está situado en el norte de la región, cerca de Jarandilla, en la vertiente sur de la sierra de Gredos. Fundado en 1408, el monasterio jerónimo también fue saqueado como el de Guadalupe por las tropas napoleónicas y restaurado más recientemente. Pero al lado del de Guadalupe, Yuste parece modesto, un lugar tranquilo y rural entre la sierra y el bosque y las tierras de cultivo llamadas La Vera, que se extienden hacia el sur hasta el río Tiétar.

Yuste no es una cámara del tesoro, ni un destino de peregrinación que atraiga a los fieles, sino un lugar realmente retirado del mundo que debe su fama a un solo hombre que durante dieciocho meses vivió y murió aquí. El emperador Carlos V, en cuyo imperio "nunca se ponía el sol", se había retirado aquí a principios del aún invernal y frío febrero de 1557; un anciano de cincuenta y cinco años cansado de los asuntos mundanos, que había envejecido prematuramente y estaba aquejado de gota y otras enfermedades.

Carlos, que tenía en alta estima a los jerónimos, probablemente había conocido a san Yuste en una de sus primeras cacerías. ¿Qué otra cosa le podría haber llevado a esta elección? El propio emperador mandó construir el pequeño palacio junto a la iglesia del monasterio, con una rampa de piedra para que él o los altos invitados pudieran subir a caballo. Esperó muy impaciente en el Castillo de Jarandilla a que terminaran su retiro[36].

¿Un lugar apartado del mundo? ¿Un emperador asceta que vive con los monjes? Es, por supuesto, una imagen engañosa. Junto a *Los Comentarios* de César y las obras astronómicas, la biblioteca de Carlos tenía principalmente devocionarios y otros libros de oraciones. Pero Carlos no se privaba de nada. Una servidumbre de sesenta personas atendía sus necesidades personales. Tenía secretarios, cocineros y bodegueros,

---

36 N. del T.: En español en el original.

músicos, lectores, barberos, enfermeros y su médico personal flamenco, jardineros que diseñaron a su gusto el jardín con la avenida de cipreses y la fuente, y un relojero artístico e ingeniero de Cremona que le despertó el interés por la mecánica sencilla de los relojes y demás artilugios de mecánica de precisión.

A Carlos le encantaba la comida exquisita. Mandaba traer de muy lejos los manjares de su mesa, las ostras frescas, el pescado de mar, las sardinas, el embutido picante, la carne de venado y el vino del Rin, y engullía sin contemplaciones los alimentos indigestos, muy a pesar del enfado de su médico. No conseguía moderarse, y su ayo íntimo de muchos años, don Luis de Quijada, sabía mejor que nadie cómo la glotonería y la cerveza helada arruinaba la salud de su señor. Se dice que Quijada "se lanzó entre su amo y un pastel de anguila como en tiempos pasados se habría lanzado entre la persona del emperador y una lanza árabe".

Al cabo de un tiempo llegó la esposa de Quijada, doña Magdalena de Ulloa, con un niño rubio de once años y de ojos azules, y se instaló en el cercano pueblo de Cuacos. Nadie excepto la pareja sabía que el niño llamado Jerónimo, que vivía desde hacía cuatro años bajo la custodia de doña Magdalena, era hijo ilegítimo del emperador y de la hija de burgueses, Bárbara Blomberg, y que vino al mundo once años antes tras una estancia de Carlos en Ratisbona. Para guardar las experiencias, se producían encuentros casuales entre Carlos y el muchacho, o de cuando en cuando Jerónimo recibía órdenes de ir a Yuste para prestar servicios de paje. Un cariño paternal tardío parece haber conmovido al emperador, pues ordenó expresamente a su real heredero al trono, Felipe II, que aceptara a Jerónimo en la familia real. Felipe se ocupó de su hermanastro y le dio el nombre de don Juan de Austria. Más tarde, a la edad de veinticuatro años don Juan recibió altos honores como vencedor de Lepanto.

Durante los dieciocho meses imperiales, la actividad en Yuste era muy agitada. Los mensajeros iban y venían, traían y llevaban noticias, puesto que Carlos daba consejos, exigía información, se inmiscuía en los asuntos de Estado y hasta el día de su muerte siguió con preocupación el avance de la herejía y el estado precario de las finanzas estatales. Los invitados de alto rango y los parientes imperiales viajaban con sus séquitos por los caminos montañosos hasta Yuste, lo que provocaba intranquilidad en el idilio monástico. Probablemente, los monjes respiraron hondamente, cuando el emperador moribundo pronunció sus últimas palabras: "Ya es tiempo".

Lo que ha quedado son más bien recuerdos escasos: un par de libros; algunos relojes; algunos muebles oscuros; el sillón forrado de cuero de Carlos; en la iglesia del monasterio la copia, un tanto opulenta, del cuadro "Gloria" de Tiziano, traído y venerado por Carlos (cuyo original se encuentra en el Prado); y el féretro oscuro de roble en el que descansó el cuerpo del emperador hasta que fue trasladado a El Escorial en 1574. El silencio y la pureza ambiental han vuelto a este retirado lugar en un paisaje primaveral, rodeado de jardines, setos verdes y árboles, con amplias vistas del terreno montañoso. Rara vez vienen visitantes extranjeros.

Capítulo XI Freundschaft mit Spanien

Heinrich Frey

Bern: Weibel, 1995

Introducción

Más de una veintena de viajes a la península ibérica avalan al botánico Heinrich Frey. Nace en Berna (1908) y desciende de una familia suiza que vivió durante varios años en Argentina, lo que justifica, en buena parte, su gran admiración por todo lo hispano. Sus estancias, la mayoría de ellas con la botánica de trasfondo, tuvieron lugar en los parajes más recónditos y variados de la geografía española y precisamente en esa tesitura se ubica el texto seleccionado sobre la localidad de Medellín. Además de viajero incansable y gran poliglota, también es autor de varios libros de viaje. Muere en Berna el 8 de noviembre de 1998.

Explica Frey (1995: 119) que la génesis del trigésimo viaje a España se hallaba en la novela picaresca *Industrias y andanzas de Alfanhuí* (1951) de Rafael Sánchez Ferlosio, en la que aparece tres veces el término "tamujo". El hábitat natural de este "tamujo", escobón de río o espino de las escobas, es la orilla de los ríos y justamente fue esta planta la que atrajo a Frey a las orillas del Guadiana en Medellín, tierra propicia para el crecimiento de tamujares. En este sentido, el desplazamiento y el proyecto de este suizo se ajusta a los parámetros de lo que se puede describir como literatura científica de viajes[37].

Más allá de la parcela del viaje científico, Frey presenta una serie de juicios encomiásticos sobre Medellín[38] y los paisajes y parajes naturales

---

37 Según Rebok (2009: 18), abarcaría "en primer lugar aquellos estudios que se centran en generar, comprobar, recopilar o profundizar un cierto conocimiento durante un viaje, es decir, aquellos estudios que se basan en tomar mediciones, además de encontrar, clasificar y representar gráficamente los nuevos objetos encontrados, así como los que se dedican a establecer estudios comparados, pero también se toman en consideración descripciones con un enfoque científico general".

38 Con respecto a las ciudades, apunta Rubow (1997: 205) con acierto en que muchas veces no es el estado actual de estas lo que cautiva a los viajeros,

que rodean a esta localidad extremeña. Todo ello aderezado, por un lado, con notas históricas y, por otro, con varios términos científicos sobre la flora en latín, para terminar manifestando el amor que profesa a las letras españolas al transcribir algunos versos de dos de los más ilustres literatos del Siglo de Oro.

Traducción

Junto al Guadiana en Medellín[39]

Jueves, 5 de abril de 1984

El eminente cielo azul promete un día maravilloso. Nuestro "*Correos*"[40] o tren regional sale de Mérida poco después de las 11:00 y recorre los 43 kilómetros hasta Medellín en tres cuartos de hora. La solitaria estación, situada a 3,4 km de la localidad, y la *Cantina*[41] están fuera de servicio. El castillo, situado en lo alto de una colina, saluda desde la lejanía. El cielo azul radiante y el viento fresco convierten el recorrido en un placer. Las alondras cantan de alegría. En la cuneta de la carretera, que en línea recta conduce a Medellín, predominan flores de colores como las *Anchusa italica, Lupinus angustifolius, Vicia lutea* y en la pradera colindante brilla en algunos puntos el color rojo claro de la *Silene colorata*. A menudo Andreas se queda atrás, dado que una y otra vez descubre algo nuevo.

Medellín es un asentamiento antiguo. Los romanos fundaron aquí el campamento *Caecilia Metellina* en honor a Quintus Caecilius Metellus. Y fue en Medellín donde en 1486 nació Hernán Cortés, conquistador de México. En la plaza principal cuenta con una soberbia estatua ecuestre. Todo aquel que se interese por Cortés ha de echar mano del extraordinario libro de William Prescott *La conquista de México*. No eran menos crueles aquellos tiempos que los que corren hoy en día. En el castillo del siglo XIV, que presenta un excelente estado de conservación,

---

"sino el esplendor de otras épocas que aún se podía reconocer" en ellas como así sucede con Medellín.

39 No figura junto a la presente versión al español la imagen del rebaño a la vera del Guadiana en Medellín que sí aparece en la obra original, como tampoco se recogen, más adelante, las ilustraciones de tamujo que el autor adjunta al texto alemán.

40 N. del T.: En español en el original.

41 N. del T.: En español en el original.

se encuentra un museo, cuyas colecciones se centran en la historia de Suramérica. El municipio español de Medellín junto al río Guadiana ha permanecido como una población modesta y agradable frente a la gran capital ahijada en la lejana Colombia que se ha convertido en una temida metrópolis de estupefacientes.

No nos detenemos mucho tiempo en el pueblo, sino que caminamos directamente hacia el puente sobre el Guadiana en busca del "tamujo". La inscripción bajo el escudo en mitad del puente indica que este fue construido durante el reinado de Felipe IV (1621–1665), mejor dicho, bajo la dirección de su ministro, el conde-duque Gaspar de Olivares, que fue retratado a caballo, en pose orgullosa, por el famoso pintor de la corte, Velázquez. Un cuadro que ya me impresionaba desde la infancia, cuando me miraba por encima del sofá junto a otros lienzos que servían de decoración.

En busca del "*tamujo*" seguimos subiendo por la orilla izquierda del Guadiana y nos encontramos con un pastor que nos sale al encuentro con un rebaño de ovejas. "*¿Conoce el tamujo?*"[42], le pregunto. "*¿Tamuho?, he aquí uno*"[43], me responde y señala el matorral siguiente. Luego prosigue su camino. Habíamos mirado con demasiado empeño al lugar equivocado. La mata señalada por el pastor mide 1,2 metros y está cargada de flores masculinas totalmente desplegadas. Un espárrago silvestre y una clemátide trepan hacia lo alto de esta mata. Nuestra alegría es enorme. Cruzamos el puente y en la orilla derecha del río encontramos un pequeño lugar para la merienda con vistas al castillo. Sentimientos bucólicos nos invaden en este genuino paisaje ribereño. Los versos de fray Luis de León me vienen a la mente[44]:

> ¡Qué descansada vida
> la del que huye el mundanal ruido,
> y sigue la escondida
> senda por donde han ido
> los pocos sabios que en el mundo han sido!

Tras reponer fuerzas seguimos paseando río abajo y dimos con extensos campos de "*tamujo*", auténticos "*tamujares*", en los que las matas se mezclaban con flores masculinas y femeninas. En el camino de vuelta a

---

42 N. del T.: En español en el original.
43 N. del T.: En español en el original.
44 El propio Heinrich Frey incluye en ambos idiomas los versos de fray Luis de León. Por razones obvias, se suprime la traducción al alemán.

la estación habían florecido en la cuneta las brillantes flores azules de la "*mazuca*"[45] (*Iris sisyrinchium*), a las que por la mañana no habíamos prestado atención, porque aún permanecían cerradas. ¡Gracias, querido "*tamujo*", por este día tan inolvidable en Medellín a la vera del Guadiana!

> Cuentan de un sabio, que un día
> tan pobre y mísero estaba,
> que sólo se sustentaba
> de unas hierbas que cogía.
> Habrá otro –entre sí decía–
> más pobre y triste que yo?
> Y cuando el rostro volvió,
> halló la respuesta viendo
> que iba otro sabio cogiendo
> las hojas que él arrojó.
>
> Pedro Calderón de la Barca[46] (1600–1681)
> *La vida es sueño*

---

45 N. del T.: En español en el original es sinónimo de lirio.
46 También aquí Frey muestra las letras de Calderón de la Barca en formato bilingüe.

Conclusiones

La primera conclusión que se desprende de una simple ojeada a los textos sobre Extremadura aquí recogidos y comentados confirma lo que se indicaba al inicio de la presentación de este trabajo: la variedad de preferencias y enfoques de sus autores no hace sino redundar en la riqueza de la imagen de Extremadura que plasman en sus escritos.

Pocos dudan hoy de que el tipo de obras de las que forman parte estos textos sobre Extremadura, y el subgénero de la literatura de viajes en general, tienen un futuro muy prometedor en ese mundo global que cada día se aproxima más. No deja de ser paradójico que un subgénero como este proceda de una tradición milenaria. A sus primeros autores les corresponde el título de pioneros de ese contacto entre pueblos y culturas diferentes que propicia el viaje con las páginas que escriben sus protagonistas. Merecen ese título por cuanto que son los precursores de los viajes de estudios, de negocios, diplomáticos y de aventuras, por citar solo algunos de los que suelen generar documentación escrita u obras literarias. Han supuesto también a lo largo del tiempo una cantera inagotable de viajes de ocio, los cuales son parte de lo que se denomina el turismo. En ese sentido, sería muy conveniente que esa ingente cantidad de vías que genera el fenómeno y la industria del turismo prestara mayor atención a la literatura de estos viajeros.

En definitiva, se pretende cubrir una laguna en el marco de la literatura de viajes sobre Extremadura y el ámbito germánico, pues, en líneas generales, se desconoce la obra de científicos e investigadores de lengua alemana que transitaron por suelo extremeño. Todos ellos han dejado valiosos testimonios de gran valor documental no solo para el estudio de la región, sino también para estudio de la historia de España y todos ellos enriquecen, sin duda alguna, la visión del propio legado cultural.

Bibliografía

Baedeker. Disponible en: http://www.baedeker.com [consultado: 18 de septiembre de 2021].

Besas, Peter. *Compendium of German-Language Books of Travel in Spain 1750–1900*. Madrid: Ediciones La Librería, 2010.

Brenner, Peter. *Der Reisebericht: Die Entwicklung einer Gattung in der deutschen Literatur*. Bonn: Suhrkamp, 1989.

Checa Cremades, Fernando et al. *El monasterio de Yuste*. Madrid: Fundación Caja Madrid, 2007.

Corbacho Sánchez, Alfonso. "El Monasterio de Yuste y Carlos V en los relatos de viaje en lengua alemana (1884–1973)", en *Revista de Filología Románica*, 34(2), 2017, pp. 347–359.

Corbacho Sánchez, Alfonso. "El Monasterio de Yuste y el retiro de Carlos V en las guías de viajes de Volkmann y Baedeker", en *Álabe* 23, 2021. Disponible en: http://revistaalabe.com/index/alabe [consultado: 20 de septiembre de 2021].

"Dessauer, Friedrich", en *Munzinger Biographie*. Disponible en: https://www.munzinger.de/search/portrait/Friedrich+Dessauer/0/1913.html [consultado: 15 de abril de 2021].

"Dessauer, Friedrich Josef Hubert", en *Hessische Biografie*. Disponible en: https://www.lagis-hes2sen.de/pnd/118524925 [consultado: 15 de abril de 2021].

Ford, Richard. *A Handbook for Travellers in Spain and Readers at Home*. London: Centaur Press, 1966 [1844].

Frey, Heinrich, "Recuerdos de un hispanófilo suizo", en *Homenaje almeriense al botánico Rufino Sagredo*. Almería: Instituto de Estudios Almerienses, 1982, pp. 147–167.

García-Romeral Pérez, Carlos. *Viajeros portugueses por España en el siglo XIX*. Madrid: Miraguano, 2001.

Goes, Martin. *Friedrich Dessauer 1881 – 1963. Zur Person und zu seiner Vertreibung durch die Nationalsozialisten aus Amt und Vaterland*. Aschaffenburg: Geschichts- und Kunstverein, 1995.

Habersack, Michael. *Friedrich Dessauer, 1881–1963. Eine politische Biographie des Frankfurter Biophysikers und Reichstagsabgeordneten*. Paderborn/München/Wien/Zürich: Ferdinand Schöningh, 2011.

Herradón Figueroa, María Antonia. "Así nos vieron: fotografía y etnografía en España entre 1910 y 1930", en Pilar Amador Carretero et al. (eds.). *Quintas Jornadas 'Imagen, Cultura y Tecnología'*. Madrid: Universidad Carlos III-Editorial Archiviana, 2007, pp. 265–274. Disponible en: http://e-archivo.uc3m.es/bitstream/handle/10016/9772/asi_herrad on_ICT_2007.pdf?sequence=1 [consultado. 22 de octubre de 2017].

"Horst, Eberhard", en *Literaturportal Bayern*. Disponible en: http://www.literaturportal-bayern.de/nachlaesse?task=lpbestate.defa ult&id=1533 [consultado: 14 de septiembre de 2021].

"Horst, Eberhard", en *Munzinger Online/Personen – Internationales Biographisches Archiv*. Disponible en: http://www.munzinger.de/ document/00000016272 [consultado: 18 de octubre de 2021].

Laxy, Bernhard. "Willy Andreas", en *Biographisch-Bibliographisches Kirchenlexikon*. Band 29. Nordhausen, 2008. Disponible en: https:// www.bbkl.de/index.php/frontend/lexicon/A/Am-An/andreas-willy-51980 [consultado: 20 de octubre de 2021]

López Ontiveros, Antonio. "Caracterización geográfica de Andalucía según la literatura viajera de los siglos XVIII y XIX", en *Ería*, 54–55, 2001, pp. 7–51.

Maestre, María Dolores. *Doce viajes por Extremadura (en los libros de viajeros ingleses desde 1760 a 1843)*. Plasencia: La Victoria, 1995.

Marín Calvarro, Jesús Ángel. *Extremadura en los relatos de viajeros de habla inglesa (1760–1910)*. Badajoz: Diputación Provincial de Badajoz, 2004.

Marín Calvarro, Jesús Ángel. *Extremadura. Luces y sombras en la literatura de viajeros de habla inglesa (1883–1955)*. Badajoz: Diputación Provincial de Badajoz, 2006.

Martínez Alonso, Pedro Jesús. "Viajeros alemanes en España en el siglo XX", en Maciá Riutort Riutort & Jordi Jané-Lligé (coord.). *Der ungeteilte Himmel: visions de la reunificació alemanya quinze anys després* (vol. 2). Generalitat de Catalunya/CIRIT: Tarragona, 2006, pp. 431–448. Disponible en: https://nanopdf.com/download/este-ver ano_pdf [consultado: 25 octubre de 2021].

Mitcham, Carl. *¿Qué es la filosofía de la tecnología?* Barcelona: Editorial Anthropos/Servicio Editorial de la Universidad del País Vasco, 1989.

Müller, Susanne. *Die Welt des Baedeker. Eine Medienkulturgeschichte des Reiseführers 1830–1945*. Frankfurt am Main: Campus Verlag, 2012.

Ortega Cantero, Nicolás. "El paisaje de España en los viajeros románticos", en *Ería*, 22, 1990, pp. 121–138.

Ortega Román, Juan José. "La descripción en el relato de viajes: los tópicos", en *Revista de Filología Románica*, Anejo IV, 2006, pp. 207–232.

Pérez de Tudela Gabaldón, Almudena. "El retiro del Emperador en el Monasterio de Yuste", en Francisco Javier Campos y Fernández de Sevilla (coord.). *Monjes y monasterios españoles. Actas del Symposium* (vol. 1). San Lorenzo del Escorial: Ediciones Escurialenses, 1995, pp. 1287–1302.

"Pestalozzi, Rudolf", en *Deutsche Biographie*. Disponible en: https://www.deutsche-biographie.de/pnd116094575.html [consultado: 22 de septiembre de 2021].

Rebok, Sandra. "España en la lente de los viajeros científicos alemanes durante el siglo XIX", en *LLULL*, 32, 2009, pp. 135–152.

Regales, Antonio. "'Mis viajes y peregrinaciones en España', de Beda Kleinschmidt", en *Filología Moderna*, 65–67, 1979, pp. 233–244.

"Roselieb, Hans", en *Lexikon Westfälischer Autorinnen und Autoren*. Disponible en: https://www.lexikon-westfaelischer-autorinnen-und-autoren.de/autoren/roselieb-hans/#biographie [consultado: 10 de noviembre de 2021]

"Roselieb, Hans", en *Archiv der Akademie der Künste*. Disponible en: https://archiv.adk.de/bigobjekt/25149 [consultado: 10 de noviembre de 2021].

Rubow, Almut. "La España del siglo XIX vista por los alemanes", en *Aportes*, 34, 1997, pp. 195– 220.

Sánchez Ferlosio, Rafael. *Industrias y andanzas de Alfanhuí*. Madrid: Talleres Gráficos Cies, 1951.

Sánchez Loro, Domingo. *La inquietud postrimera de Carlos V. Retiro, estancia y muerte de Carlos V en Yuste, según la relación inédita del canónigo placentino don Tomás González*. Cáceres: Publicaciones del Movimiento, 1958.

Schäfer, Ernst. *Spanien. Eine Fahrt nach Andalusien*. Bielefeld: Velhagen & Klasing, 1928.

Schuhladen-Krämer, Jürgen. "Willy Andreas", en *Stadtlexikon Karlsruhe*. 2012. Disponible en: https://stadtlexikon.karlsruhe.de/index.php/De:Lexikon:bio-0092 [consultado: 21 de septiembre de 2021].

Wegener, Georg. *Herbsttage in Andalusien*. Berlin: Allgemeiner Verein für Deutsche Literatur, 1895.

Wolgast, Elke. "Andreas, Willy", en *Badische Biographien*. Stuttgart: Kohlhammer, 1987, pp. 4–7.

Corpus

Andreas, Willy. *Reisebilder aus Spanien und Portugal*, München: Münchner Verlag, 1949.

Dessauer, Friedrich. *Auslandsrätsel*. *Nordamerikanische und spanische Reisebriefe*, München: Verlag Josef Kösel & Friedrich Pustet, 1922.

Frey, H. *Freundschaft mit Spanien*, Bern: Weibel, 1995.

Hielscher, Kurt. *Das unbekannte Spanien. Baukunst, Landschaft, Volksleben*, Berlin: Wasmuth, 1921.

Horst, Eberhard. *15mal Spanien*, München/Zürich: R. Piper & Co. Verlag, 1973.

Horst, Eberhard. *Die Haut des Stiers. Ein Spanien-Porträt*: München/ Leipzig: List, 1992.

Kleinschmidt, Beda. *Meine Wander- und Pilgerfahrten in Spanien*, Düsseldorf: Aschendorff, 1929.

Pestalozzi, Rudolf & Pestalozzi, Gerty. *Fahrt nach Portugal. Tagebuchblätter und Bilder einer Auto-Ferienreise*, Zürich: Fretz & Wasmuth Verlag AG, 1934.

Rhode, Roman / Dudek, Brigitte. *Spanien. Ein politisches Reisebuch*, Hamburg: VSA – Verlag, 1985.

Roselieb, Hans. *Spanische Wanderungen*, Berlin: Deutsche Buch-Gemeinschaft G.M.B.H, 1926.

Zahn, August. *Herbstreise nach Spanien und Portugal*, Berlin: Reimer, 1912.